삼국지톡

유비(字 현덕)

서주를 공격하는 조조를 막기 위해 출정하여 노고를 인정받고,
예주 땅과 벼슬을 얻었다.

조조(字 맹덕)

서주 토벌로 인해 책사들과 갈등을 빚고 연주 땅을 빼앗기지만,
서주 공격을 멈추지 않는다.

진궁(字 공대)

前조조 책사. 점점 조조와 뜻이 맞지 않아 갈등을 빚고
연주를 떠났다.

장막(字 맹탁)

연주 토박이. 조조와 오랜 친구이나 폭주를 멈추지 않는
조조를 떠나 진궁과 손잡았다.

여포(字 봉선)

동탁이 죽은 뒤 주군을 잃고 자취를 감췄으나
자신을 찾아온 진궁과 함께 살길을 모색한다.

손책(字 백부)

아버지(故손견)가 죽고 난 후 원술에게 전국옥새를 바치고
그의 밑에서 세력을 키우고 있다.

주유(字 공근)

손책의 죽마고우.
어릴 때부터 두뇌가 명석하여 손책의 책사가 되었다.

미축(字 자중)

서주 제일가는 부자.
돈 없는 유비에게 금전적인 후원을 아끼지 않는다.

차례

一.

아… 안 돼!
진선생!

…닥쳐.
한마디만 더 하면…
네놈도 입 찢어버린다.

니들… 뭐냐?
이 몸이
여기 있는 건…

어떻게
알아냈지?!

동탁 찌끄레기들이 보냈냐?
나 끌어내서 없애라고?!

?!

7

진궁의 크나큰 실수

자… 잠깐! 아니오!
큰 오해시오!

저흰 정말… 장군의
용맹함에 반해 온 거요!
해, 해 끼칠 맘은… 절대…

거보게! 선생, 내 뭐랬나?!

저자는… 너무
위험하다니까!

조금 전, 장막의 집

뭐, 뭐라?!

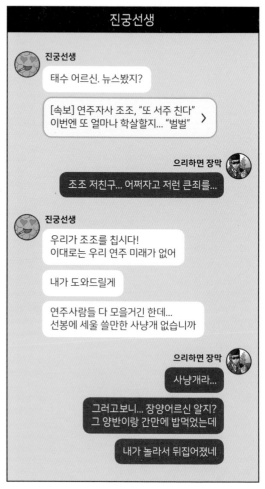

진궁선생

진궁선생
태수 어르신. 뉴스봤지?

[속보] 연주자사 조조, "또 서주 친다"
이번엔 또 얼마나 학살할지… "벌벌" >

으리하면 장막
조조 저친구… 어쩌고 저런 큰죄를…

진궁선생
우리가 조조를 칩시다!
이대로는 우리 연주 미래가 없어

내가 도와드릴게

연주사람들 다 모을거긴 한데…
선봉에 세울 쓸만한 사냥개 없습니까

으리하면 장막
사냥개라…

그러고보니… 장양어르신 알지?
그 양반이랑 간만에 밥먹었는데

내가 놀라서 뒤집어졌네

*진궁, 연주에서 신뢰받는 태수 장막에게 조조를 치도록 설득하다. 장막, 조조의 절친이었으나 마지못해 승낙하다.
**군벌 장양張楊 : 십상시 장양과 다른 사람. 여포의 두번째 아버지인 정원의 부하였으나, 정세가 바뀌며 원소에게 갔다가 흉노와 손잡았다가
동탁에게 벼슬받는 등 편을 갈아치우다. 「장양전」

크… 역적 동탁의 목을 베고…

서, 선생?!

이 나라를 구한 영웅… '여포' 손에 죽는다면야!

하! 이 X끼… 아주 웃긴 놈이구만?!

…대장! 그만 갖고 노시고…

빨리 두 놈 다 죽여버리시죠?

여포의 부하
장료 字 문원

깜빡했는데… 오늘 귀한 손님이 온답니다!

피 닦고 물청소하려면… 이 수상한 놈들 지금 해치워야 돼요~

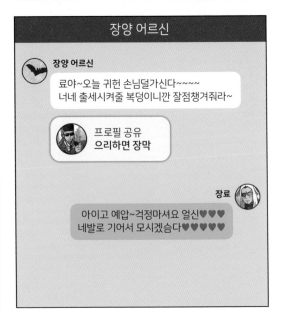

장양 어르신

장양 어르신
료야~오늘 귀헌 손님덜가신다~~~~
너네 출세시켜줄 복덩이니깐 잘점챙겨줘라~

프로필 공유
으리하면 장막

장료
아이고 예압~걱정마셔요 얼신♥♥♥
네발로 기어서 모시겠슴다♥♥♥♥

*장양, 동탁 죽이고 장안에서 맨손으로 도망친 여포 거두다. 여포와 내내 사이가 좋았다고. 「장양전」

?! 이, 이보시오.
내… 내가 장막이오만?

하~ 이 양반이
사람 우습게 보네?
내가 바본 줄 아셔?!

쌀
칵!

과학적! 닮은꼴 찾기!

19.5% 딴 사람이네요T.T

완전 다르게
생겼구만 뭘!
모자도 없고
썬구리도 없고

흥! 이 장료…
죽음 앞에 비굴한 자는
딱 질색이야.

역겨워서…
구토가 나올
지경이로다!

순순히 내 칼을 받으라워…

*〈연의〉 장료, 용맹하나 안타깝게도 사람 얼굴을 분간하지 못하다.

한편, 서주성

미축이 쏜다

믿을 건 자네뿐이야!

이것을… 부디…

서주 지배자의 도장

우와! 저… 저건?!

*도겸, 유비에게 서주를 받아 다스리라 청하다.

마… 맡아주시지요!
유비 어르신!

맞아! 어르신이라면…
우리도 찬성이에요!

어찌 잊겠습니까?
모두가 이 서주를 버렸을 때…

구세주처럼 저희 앞에
나타나셨는데요!

*〈정사〉 많은 서주 사람들, 유비를 지지하다.
**〈정사〉 공손찬의 장수 전해와 유비, 서주를 치는 조조를 공격하다.

천하에 대적할 자 없는
두 동생분들께선…

지금도 이 성을 지키려
싸우고 계시고요!

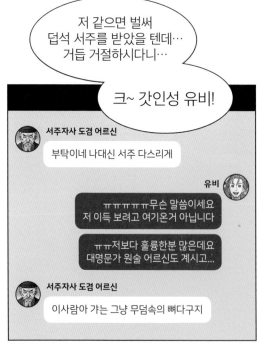

저 같으면 벌써
덥석 서주를 받았을 텐데…
거듭 거절하시다니…

크~ 갓인성 유비!

서주자사 도겸 어르신
부탁이네 나대신 서주 다스리게

유비
ㅠㅠㅠㅠㅠ무슨 말씀이세요
저 이득 보려고 여기온거 아닙니다

ㅠㅠ저보다 훌륭한분 많은데요
대명문가 원술 어르신도 계시고…

서주자사 도겸 어르신
이사람아 걔는 그냥 무덤속의 뼈다구지

우리 유비 어르신이라면…
자격은 충분하지! 암!

맞아 맞아!
나도 불만 없어!

좋았어…!

*유비, 서주 주겠다는 도겸의 제안을 세 번 거절하다.

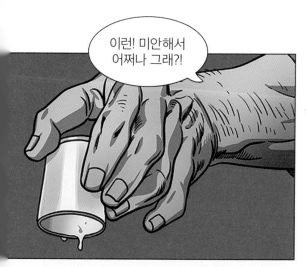

이런! 미안해서 어쩌나 그래?!

손이 미끄러졌네 그려~?

도겸의 부하
유비의 前직장 동료
조표

조… 조표 이 사람!
뭐하는 짓이야?!

어! 어서 수건을…

삥실…

새 서주목 어르신께…
축하주를 올린다는 게 그만…

유비 어르신!
이놈이 서주 백성 대표로
질문 하나 합시다?

이렇게 서주
덥석 받아버리면?
어떻게 다스리시려고?!

우리 쫄병 놈들 월급은?
무너진 성벽 수리비는?

조조놈이 다 작살내놔서
우리 서주 아주
너덜너덜인데…

무슨 돈으로
지탱하실라고?!

싸구려 짚신이나 팔던…
쥐뿔도 없는
거지X끼 주제에!

*〈정사〉 원래 금수저 집안인 큰 부자 조홍을 친척으로 둔 조조와는 달리, 유비는 여태 이렇다 할 스폰서를 구하지 못했다.

*〈연의〉 어마어마한 부자 미축, 가난한 서주 백성들 돕다.

빈집 털린 조조

조조가 다스리는
연주

복양성

에라이~
똥멍청아!

복양성 경비대장
(연주자사 조조 부하)

OCM
ORIGINAL

배신의 칼
195화

크헉!
니, 니가... 왜?!

지난 이야기:보스의 오른팔! 몰래 배신을 꿈꾸는데...!

요거는~ 속은 놈이
멍청한 거쥐~!
보스가 사람 막
믿는 거 아녀!

어어… 대장님!
저거 뭡니까…?!

…어억?!

#벨소리 #배신의날 #OST

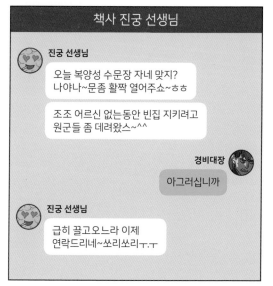

빈집 털린 조조

*조조군, 조조가 아끼는 책사인 진궁 이름으로 명령장이 오자 성문을 활짝 열어 정체불명의 군사들을 맞이하다.

*진궁, 장막 꼬드겨 조조에게 반기 들다. 떠돌이 여포 끌어들여 조조 근거지인 연주를 빼앗다.

미축 회장님

흠...예...그것도...^^
조조의 절친과...
책사가...^^

서주성 공용 샤워실

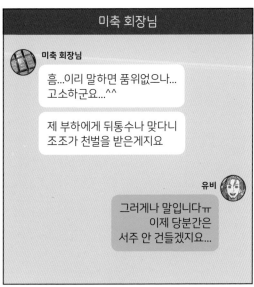

미축 회장님

미축 회장님

흠...이리 말하면 품위없으나...
고소하군요...^^

제 부하에게 뒤통수나 맞다니
조조가 천벌을 받은거지요

유비

그러게나 말입니다ㅠ
이제 당분간은
서주 안 건들겠지요...

다행이다… 진궁!
그 사람의 배신 덕에

내가 살았구나…

(형)님 근데
왜 자꾸 딴소리심?

까먹음?
옷 고맙다고
인사한다며 ㅇㅇㅋ

억 맞다!

---

*유비가 지키는 서주를 맹공격하던 조조. 반란 소식에 급히 근거지(연주)로 돌아가다.

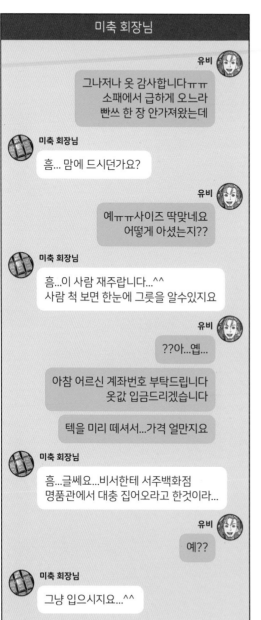

미축 회장님

> 유비

그나저나 옷 감사합니다ㅠㅠ
소패에서 급하게 오느라
빤쓰 한 장 안가져왔는데

미축 회장님
흠... 맘에 드시던가요?

> 유비

예ㅠㅠ사이즈 딱맞네요
어떻게 아셨는지??

미축 회장님
흠...이 사람 재주랍니다...^^
사람 척 보면 한눈에 그릇을 알수있지요

> 유비

??아...옙...

아참 어르신 계좌번호 부탁드립니다
옷값 입금드리겠습니다

텍을 미리 떼셔서...가격 얼만지요

미축 회장님
흠...글쎄요...비서한테 서주백화점
명품관에서 대충 집어오라고 한것이라...

> 유비

예??

미축 회장님
그냥 입으시지요...^^

미축 회장님
어차피 그 백화점 제것인지라...^^v

헐!

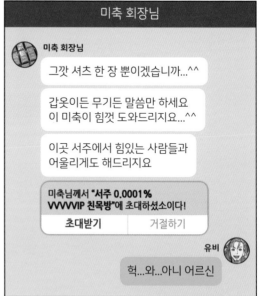

미축 회장님

미축 회장님
그깟 셔츠 한 장 뿐이겠습니까...^^

갑옷이든 무기든 말씀만 하세요
이 미축이 힘껏 도와드리지요...^^

이곳 서주에서 힘있는 사람들과
어울리게도 해드리지요

미축님께서 "서주 0.0001%
VVVVVIP 친목방"에 초대하셨소이다!

초대받기 | 거절하기

> 유비

헉...와...아니 어르신

*(정사) 미축은 서주에서 제일가는 부자.

토독

토독

톡톡

톡

유비

아니|정말

감사합니다 회장님ㄷㄷㄷㄷ

제가 이 은혜를
어떷ㅎ게 갚아야할지...??

톡...

톡...

미축

흠...공짜는 아니랍니다...^^
이 사람도 바보는 아니거든요

제 전재산 투자하는 대신...
어르신께서 담보를 주셔야지요?

유비...^^

ㄷㄷ담보요?

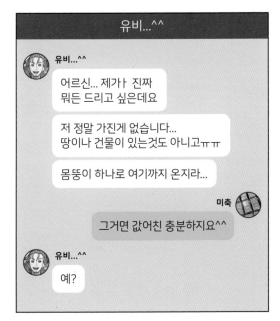

유비...^^

유비...^^

어르신... 제가 진짜
뭐든 드리고 싶은데요

저 정말 가진게 없습니다...
땅이나 건물이 있는것도 아니고ㅠㅠ

몸뚱이 하나로 여기까지 온지라...

미축

그거면 값어친 충분하지요^^

유비...^^

예?

서주, 미축의
대애애애애애저택

흠…
유비 어르신?

제가 여쭤볼 것이
하나 있는데…

흐음…

빈집 털린 조조

친하지도 않은데
이런 것 여쭈면…^^

촌스러운 줄
압니다마는…
혹시…

헥!

헥!

언니~^^
나 왔어!

전군! 반란군은
싸그리 쳐죽이되!

어째서? 진선생!

혹시… 여친
있으신지~^^?

예에?!

진궁 그놈만은…
반드시 산 채로 끌고 와!

人数多口来門

📷 미영란 mimimimimi*_*mimi   •••

♥ michuk*님 외 17,325명이 좋아하오
언니 @michuk* 소유 프라이빗 비치에서 미미랑...^^

人数多口来門

📷 미영란 mimimimimi*_*mimi   •••

♥ michuk*님 외 17,325명이 좋아하오
행복한 생일...오빠 @mi*bang 붕붕이 귀엽네ㅋㅋ
선물 고마워~얼른 면허 따야겠다...ㅠ.ㅠ

미축 회장님

제 사랑하는 막내 동생이랍니다...
소개팅...흠...어떠신지...^^?

으응~? 유서방~...^^v

서주 최고 부자
미축字 자중

동생 미방

동생 미영란

흠…? 별일이군?
왜 말이 없지?

1초 만에 덥석
물 줄 알았더니…?

설마
우리 미씨 가문을
마다할 리는 없고…
흠…

한데 동생아…
너 정말 이 결혼 괜찮니?

응! 맘대로 해~^^
언니 눈 높잖아?

톡…

톡…

유비

아 진짜ㅣ…
감사합니다 어르신

여러모로 도와주신 것도 모자라
저 그렇게까지 좋게 봐주시고…

동생분도 너무ㄹ좋은분같은데요ㅜ….

유비…^^
이 얘긴 없던걸로 하시지요ㅠㅠ

미축

머ㅜ

ㅁ라고

뭐ㅓ라고??

유비군 실장 겸
경리 겸 회계사 겸
세무사 겸 매니저 겸
홍보팀장 겸…

이거 먼저
보십셔!

아니 이게 더
중요하거든?!

넵! 사장님~
지금 입금하고
문자 드리겠습니다!
하핫 네엡~!

前유비 여친
現아내
감소혜

악 서운하네!
왜 진작 말 안 함?

컥…
마, 말했거든?!
축하도 한다며!

엥 내가?!

○○…

힐 진짜네ㅋㅋㅋ
ㅈㅅㅈㅅ술 먹느라.

큰형 유비
중대발표한다 나 장가감ㅋㅋㅋㅋㅋㅋ

둘째형 관우
ㅊㅋ,,,ㅊㅋ,,,

ㅈㅂ

형ㄹㄹ밎ㅊㄴ누규//감느님??
감○실잦님이 이제형슈ㅓ님임??

ㅊㅋㅍㅊㅋㅋㅋㅋㅋㅋㅋㅋㅋㅋ아
신나서한ㄴ벼ㅓ○○더ㄲ깐더

#축 #피처보이즈 #1빠우부남

*〈정사〉 감부인. 유비가 곤궁할 때부터 함께하며 크고 작은 일 살피다.

식장은? 어디?
밥 맛있음?

이… 일단
혼인신고만
먼저 했다!

근데 조조 물러난
지금 아니면… 언제
찬스 올까 싶어서…

예주자사 유비
실장님
아니 부인

감실장님
왜요 유장군님
아니 남편

예주자사 유비
ㅋㅋㅋㅋㅋㅋㅋㅋㅋㅋㅋㅋ

감실장님
ㅋㅋㅋㅋㅋㅋㅋㅋㅋㅋㅋ

예주자사 유비
늘 고마워요ㅠㅠㅠㅠㅠㅠ

도, 도겸 어르신
오늘내일
하시잖냐…

우리만 신나면
서주 백성들
섭섭하지…

유비…^^
안정되면 발표하려고 했는데…
정말 죄송합니다ㅠㅠㅠ

쩝…

…^^;

언니 침착해~
침착해~

뭔데ㅎㅎ
그 사람이 그렇게
탐나?

흠… 귀엽잖니?
꼭 뱀 같아서…^^

뱀?!

*『삼국지톡』유비 아내가 정사 신주전에 처음 등장하는 건 서주 즈음부터. 어떤 사람인지 기록 없으나, 『삼국지톡』에선 감부인인 것으로 함.

그래… 작은 실뱀 말이다!

제 몸집에 맞게 작은 쥐나 잡아먹을 것이지…

감히 삼키지 못할, 큰 먹이가 탐나 입 짝짝 벌려대는 뱀…

빤히 보이잖니? 힘도 없으면서 조조에게 맞서고…

지킬 돈도, 군사도 없으면서

우리 서주 가지려 애쓰는 게!

우리 미씨 가문은… 3대를 이어온 대부호!

살면서 수많은 욕심쟁이를 보았지만 흠…

이 미축만큼 탐욕스런 자는… 처음이구나!

그래서 뱀을 용으로
키워볼까 싶었으나…

내가 어찌 귀여운 널…
임자 있는 자와
엮어주겠니?

미축

흠…그래요…
두분…결혼 축하드립니다…^^

하여튼 알겠습니다…
그래도 어르신을 돕지요

흠…비록 가족이 되진 못하나…
동업자가 되어드릴 순 있으니.

유비…^^
감사합니다ㅠㅠ

미축

그럼 곧 뵙겠습니다 몸단장하고 계시지요
기자들이 우르르 올터이니…

유비…^^
예?

방금 연락
받았습니다마는…

도겸 어르신께서…
숨을 거두셨어요.

43
·
유부남 유비

이 서주 땅은…
지금 주인 잃은
빈집입니다.

뉴스가 나가면,
사방에서
탐욕스러운 자들이
달려올 테고…

백성들은 또다시
고통받겠지요!

그럴까봐…
돌아가신 분께서

제게 유언을
남기셨답니다!

서주 지배자의 도장

이 시간부로 서주는…
어르신의 것입니다^^

*〈정사〉도겸, 미축에게 유언 남기다. 유비, 서주 얻다.

제발… 가십시오! 살아야 뜻을 이루십니다!

저라고… 좋아서 주군께 도망을 권하리까?

장막과 여포만 문제가 아닙니다…

연주 사람 모두가 어르신의 적입니다!

기주

연주

사주

서주

저희가 지킨 땅은 단 세 곳뿐…

태산

동아

범현

견성

복양성

연주성

연주

나머진 모두… 진궁 따라 어르신께 등돌렸습니다!

*〈정사〉 조조 책사 정욱과 순욱, 목숨걸고 견성, 동아, 범현 지켜내다.

망할… 진선생!

이렇게까지 할 텐가?
연주 놈들 모두를 꼬드겨?

날 철저히 따돌려…
말려죽일 작정이로군!

그렇담… 내가 연주를
되찾을 가능성은

제로란 말이냐?!

(알수없음)
똑똑? 조조 어르신폰 맞는지요ㅠ?

저… 정욱선생?
순욱인가?!

?! 아니다!
네놈은…?

(알수없음)
저 복양에서 사업하는 사람인데요ㅠㅠ

아 저 솔직히 반란 별로였거든요ㅠㅠ
여포 개 심하게 비호감이라…으

*진궁과 장막은 연주 사람들에게 큰 지지를 받는 토박이들.
**연주 복양사람 전씨, 조조에게 몰래 편지 보내다.

조조 그 친구가… 이곳 복양으로 진격중이라네!

어엉? 설마!

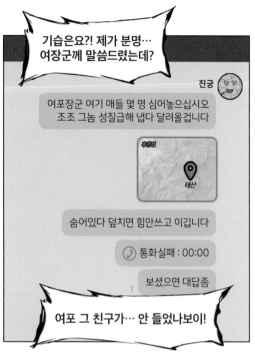

기습은요?! 제가 분명… 여장군께 말씀드렸는데?

진궁

여포장군 여기 애들 몇 명 심어놓으십시오 조조 그놈 성질급해 냅다 달려올겁니다

태산

숨어있다 덮치면 힘안쓰고 이깁니다

통화실패 : 00:00

보셨으면 대답좀

여포 그 친구가… 안 들었나보이!

빌어먹을! 여포… 시키는 것도 못 해?

어쩌면 좋나? 진선생! 역시… 친구를 배신하는 게 아니었어…

아이고~ 태수 어르신! 걱정 붙들어매쇼! 우리가 복양성, 연주성 꽉 쥐고 있는데 뭘~?

무조건 우리가 이겨요~ 여포놈이 제자리만 지키면!

꽝!!!

*〈연의〉 진궁, 여포에게 "군사 매복시켜 조조군 덮치라" 조언했으나 씹다.
**복양성, 연주성은 연주의 중심 도시들.

*⟨연의⟩ 진궁, 여포에게 연주성 지키라 간언하나 여포, 멋대로 복양성으로 옮기다.
**⟨정사⟩ 여포, 진궁 말 씹다. "내게 다 계책이 있으니 더 말 마시오."

불구덩이 속의 조조

어쩔 수 없다!
우리 피해가 클 것이나…

…태수 어르신!
나 불 좀 빌립시다.

서, 선생!
깝깝한 건 알지만…
쉴 때가 아니야!

쯧… 누가 쉽니까?
일이 꼬였으니…

플랜B 가야지!

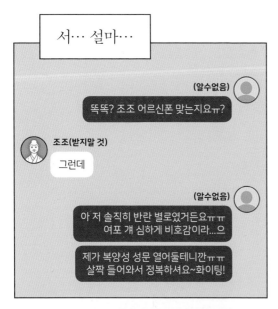

*〈연의〉 진궁, 조조에게 조작 편지 보내 꼬여내다. 복양성 사는 부자 전씨 이름으로 "몰래 성안에서 돕겠다"하다.

*〈연의〉 진궁. 복양성 사대문에 불질러 조조 가두다.

이런… 미친!
진선생! 진궁!!

여봐라! 전위! 악진!
아무도 없나?!

우지끈

헉…!

망할…

여기서…
죽는구나!

조조놈이 죽었다

조조놈이 죽었다

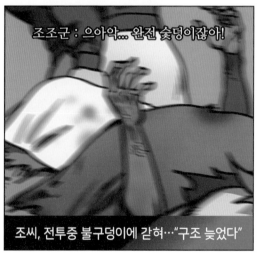

*〈연의〉 조조 장수 악진과 전위, 겨우 길 뚫어 조조 구해내다.

조조놈이 죽었다

하핫! 진선생! 참 큰일 하셨네!

자! 여기! 짠하세 짠!

꺼진 불도 다시 봐야지~ 조조놈 살아 있음 어쩝니까?

음?

아시잖우? 고놈~ 연기를 좀 잘해야지ㅎㅎ

허허~ 그런데… 이번엔 정말

세상 떴나보구먼?

*『삼국지톡』: 진궁, 동탁 암살 기도하고 도망치던 조조를 시체 자루에 담아 도망시키다.

*〈연의〉조조가 죽었다는 소문을 의심한 진궁, 조조군에 첩자 보내다.
**〈연의〉과연 조조의 사람들, 상복 입고 슬피 울다.

*〈정사〉 장막, 원소, 조조는 오랜 친구 사이. 의리맨 장막, 원소가 숙청하려던 한복을 가엾게 여겨 도와주다.
**〈정사〉 하북의 강자 원소, 조조에게 장막을 죽이라 하다. 그러나 조조, "친구끼리 그러는 거 아니다"며 장막을 살려주다.

그러니깐~ 선생! 우리가 바로잡자고!

울 선생 말에… 내가 얼마나 힘났는데?!

울 연주의 자랑! 진궁이 있으니…

난 겁날 게 없어!

그래… 괜한 걱정이다! 조조, 네 아무리 날고 기어도…

그 불지옥에서 살아남을 순 없어!

태평성대를 위하여!

조조는… 죽었다!

*〈정사〉 진궁, 연주 토박이 장막을 꼬드겨 조조를 치도록 하다. "공은 수많은 백성과 넓은 요충지를 가졌건만, 왜 남의 제어를 받습니까?
여포를 잠시 맞이해 함께 연주를 다스리며 천하 형세를 지켜보면 시대를 휩쓸 수 있습니다."

연주, 견성
(조조군 임시 피난처)

조조놈이 죽었다

연주의 지배자
조조 字 맹덕

어, 어르신…
다… 다 됐습니다~
천… 천히 일어나세용~

……

어, 어디 더
헹구고 싶으신 데
있으세용?

…아니.

그럼 자, 자리로 모실게용~
상처 물 안 닿게 조심 조심~

이, 이제 헤어 커트
도와드릴 건데요~
어르신 제가~ 스타일
최대한 살려보긴 할 건데

불 때문에
머리 손상이~ 너무너무
심하셔서~ㅠㅠ

*〈정사〉 조조, 화공에 당했으나 팔에 가벼운 화상만 입다.
**〈연의〉 조조, 머리카락과 수염이 불에 홀랑 타버리다.

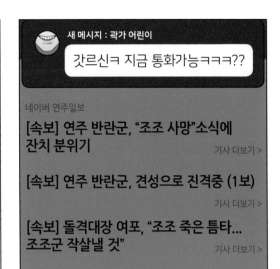

요즘 애들… 왜 이래?!

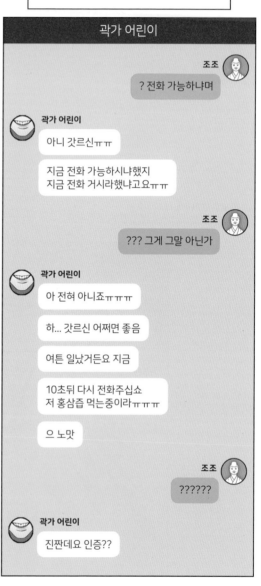

*〈정사〉 조조 책사 곽가는 조조보다 15살이나 어리다.

[첨부사진] 사진 170207.png

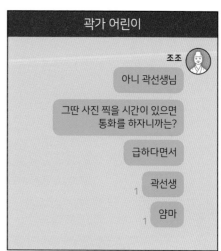

곽가 어린이

조조

아니 곽선생님

그딴 사진 찍을 시간이 있으면
통화를 하자니까?

급하다면서

곽선생
1

얌마
1

아오 씨!

꺄악~!
어떡해! 어르신!

머리가 맘에
안 드시는구나!
죽여주십쇼!

여, 약장
나갔다 와
헐ㅠㅠ

부산 떨지 마라!
네놈 탓 아니니라!

73

곽가의 조언

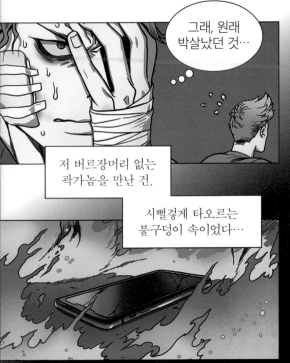

그래, 원래
박살났던 것···

저 버르장머리 없는
곽가놈을 만난 건,

시뻘겋게 타오르는
불구덩이 속이었다···

얼마 전
연주, 복양성

쿨럭··· 쿨럭!
전위! 악진!

빌어먹을!
아무도 없느냐?
누가 좀···

크윽···!

여기서···
죽는구나!

ㅈㅅ 더운 데서 힘 빼면
근손실 와서~ㅠㅠㅠㅠㅠ

 곽-갓

욱쌤ㅋㅋㅋ여기 복양성 입구 서쪽인데
제일 힘쎈 장수들 몇명만좀ㅠㅠ

어르신 발견ㅋㅋㅋ

 갓순욱쌤

곽ㄱ너
급한일으ㄴ전화로 하라고 몇 번을 말해

 곽-갓

문자가 편해서ㅋㅋ

뭐…
뭐 인마?!

ㅋㅋ기다리십셔~ 어차피
제 힘으론 그거 못 치움~ㅋㅋ

사람들 제때 오면 해피한 거고~
늦으면 가시는 거죠 뭐~

야 이… 개자식아!
애라도 써봐라! 쫌!

ㅎㅎ싫다니깐요?

근력 TEST

곽가님의 근력은?
숟가락만 겨우 들겠네요ㅠㅠ

안 된다니깐요?
내 능력 내가
안다니까요?

어르신
왜 까먹으심?

어린애도 알 텐데요?
병법 기본인데요?

도서   지식ㅅ

후한문고 E-book 베스트셀러
심심해서 해석해본 손자병법
지은이 : 손자 / 해설가 : 조조

★★★★☆ 리뷰[163,212건]
1sul : 내용은 볼만한데 해설가가
천한놈이라 별 하나 뺀다

승리의 기본은…
'내가 누군지 아는 것'
'내 무기가 뭔지 아는 것'!

《정사》 조조는 병법 전문가. 『손자병법』에 주석을 달기도 했다.

아 개쪽팔려~!
내가 다 창피하다ㅠㅠ

안 하던 짓 하니깐
탈이 나지~ㅠㅠㅠㅠ

흑역사 수고요
꺄르르르르룩~!

차… 찾았다!
어르신!

다시, 현재

커트
끝났습니다~ㅠㅠ
왁스로 세팅해
드릴게욤~

흥!
시건방진 놈…

그래도 곽가!
네 덕분에 살았다!

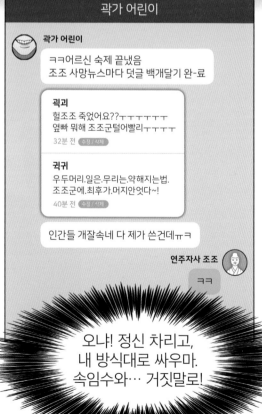

곽가 어린이

곽가 어린이

ㅋㅋ어르신 숙제 끝냈음
조조 사망뉴스마다 덧글 백개달기 완·료

곽괴
헐조조 죽었어요??ㅜㅜㅜㅜㅜ
옆빠 뭐해 조조군털어빨리ㅜㅜㅜ
32분 전 수정/삭제

곽귀
우두머리.일은.무리는.약해지는법.
조조군에.최후가.머지안엇다~!
40분 전 수정/삭제

인간들 개잘속네 다 제가 쓴건데ㅠㅋ

연주자사 조조

ㅋㅋ

오냐! 정신 차리고,
내 방식대로 싸우마.
속임수와… 거짓말로!

*〈연의〉 조조의 장수 악진과 전위, 불길 뚫고 조조를 구하다.
**〈연의〉 조조, 죽은 척하여 여포를 성 밖으로 끌어내고자 하다.

*〈연의〉 조조, 자기를 미끼로 삼다. 달려드는 여포 뒤를 치도록 하다.

조조의 주둔지
연주, 견성

우, 우리가 여포놈을…
어, 어엇…?!

어! 마침 잘들 왔군.
나도 막 가보려던 참이다.
음? 왜 말을
하다 마나?

여포가…
뭐 어쨌다고?

커트 끝났습니다~
정리 도와드릴게욤~

허… 형! 아니 어르신!
기뻐하십시오!

흠… 좀 나이들어
보이지 않나?

에이 어르신~
이제 기품을
가꾸실 때쯤~ㅠㅠ

원소의 달콤한 제안

*〈연의〉 기세등등하던 여포군, 산에 숨어 있던 조조군의 매복에 당하다. 여포, 주둔지 복양성으로 도망쳐 문 걸어 잠그다.

*〈연의〉 조조, 아버지 비롯한 가족들 원수인 도겸을 증오하다. 서주 향한 야욕을 계속 불태우다.
**〈정사〉 메뚜기떼, 연주 덮쳐 곡식을 먹어치우다. 그로 인해 수많은 사람들이 굶다.

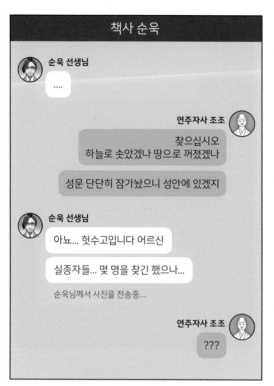

책사 순욱

순욱 선생님
….

연주자사 조조
찾으십시오
하늘로 솟았겠나 땅으로 꺼졌겠나

성문 단단히 잠가놨으니 성안에 있겠지

순욱 선생님
아뇨… 헛수고입니다 어르신

실종자들… 몇 명을 찾긴 했으나…

순욱님께서 사진을 전송중….

연주자사 조조
???

우…

우욱!

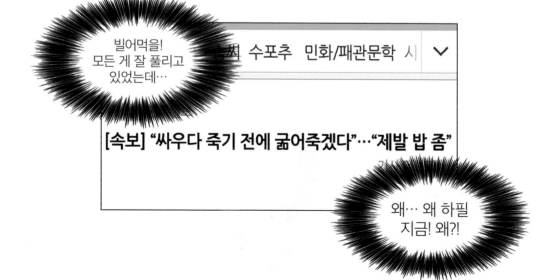

빌어먹을!
모든 게 잘 풀리고
있었는데…

쎄 수포추 민화/패관문학 시 ∨

[속보] "싸우다 죽기 전에 굶어죽겠다"…"제발 밥 좀"

왜… 왜 하필
지금! 왜?!

*〈정사〉 메뚜기떼 습격 피해로 곡물 값이 치솟다. 사람들끼리 서로 잡아먹다.

빌어먹을… 싸우다
죽는 것도 아니고…

이 조조가!
앉아서 굶어죽고
마는구나!

원가놈1

(선물) 프린스 원소님께서 보내신
식량이 도착했소이다!

14:00

지이잉

?!

워… 원소?!
원본초!

이런 망할! 맞다!
네놈이 있었지?!

푸하핫!
그 재수없는 낯짝이…
이토록 반갑다니?

그래! 한동안 서먹했지만!
여차할 때 믿을 건 친구 놈뿐이군…

고맙다! 이제 난 살았어…

원가놈1

(선물) 프린스 원소님께서 보내신 식량이 도착했소이다!

To.나의 친애하는 벗 아만

[우정선물]
백만대군도먹일 식량 [무료]

Surprise^^

0 ⎮12345 67890⎮

※수령조건: 단, 본인을 비롯한 온가족이 기주 업형에 거주하시는 분께만 배달됩니다^^

낡아서 미안하군^^ 그간 잘 지냈는지 🍃 ?

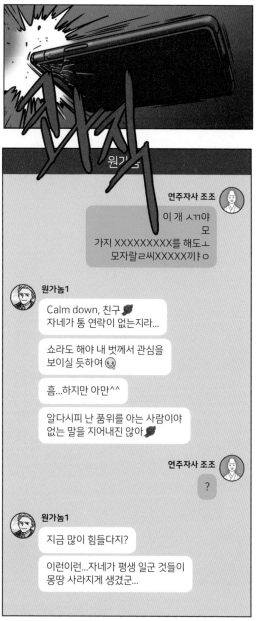

원가ㄴ

연주자사 조조

이 개 ㅅㄲ야
모
가지 XXXXXXXXX를 해도ㄴ
모자랄ㄹ씨XXXXX끼야ㅇ

원가놈1

Calm down, 친구 🍃
자네가 통 연락이 없는지라…

쇼라도 해야 내 벗께서 관심을
보이실 듯하여 👻

흠…하지만 아만^^

알다시피 난 품위를 아는 사람이야
없는 말을 지어내진 않아 🍃

연주자사 조조

?

원가놈1

지금 많이 힘들다지?

이런이런…자네가 평생 일군 것들이
몽땅 사라지게 생겼군…

원소의 달콤한 제안

*〈정사〉기주 지배자 원소, 조조에게 도움의 손길 내밀다.

*〈정사〉 조조, 원소의 제안을 받아들이려 하다.

*(정사) 조조 책사 정욱, 원소에게 의지하려는 조조 말리다.

참으로 실망입니다!
대장이라는 분이!

상황 잠깐 불리하다고…
이리 쉽게
무릎을 꿇다뇨?!

뭐, 뭐라?!

이건 배신입니다.
어르신!

오직 조조만 믿고
따라온 사람들
뒤통수 치는 배신!

닥치시오…
그대가 뭘 알아?

*〈정사〉 서주 토박이들, 나라 안에 손꼽는 강자 원소에게 유비의 서주 지배를 인정해달라 공손히 청하다. 원소, 흔쾌히 허락하다.

네이버 기주일보

기주목 프린스 원소, "서주목 유비? 아주 점잖고 믿음직스러운 분(웃음)"

서주목 유비, "크나큰 영광... 프린스 어르신, 부디 저와 우리 서주 예쁘게 봐주시길(웃음)"

원소가… 뭐랬는지 아십니까?!

'조조'는 재앙이랍니다.

치사하고 비겁한 간웅이랍니다!

그게 뭔놈의 친구입니까?!

*〈정사〉원소, 유비 극찬하다.
"유현덕은 품격이 높고 우아하며(弘雅) 신의가 있소. 서주 사람들이 그를 즐거이 추대하니 실로 내 소망에 부합하오."「선주전」
**〈정사〉서주 토박이들, 유비 추대하는 편지에 조조를 "하늘에서 내린 재앙" "간웅奸雄"이라 표현하다.
여기에 OK했으니 원소 또한 조조 얼굴에 먹칠을 한 것.

기주의 지배자
손꼽히는 강자
원소 字 본초

기주 전략기획실

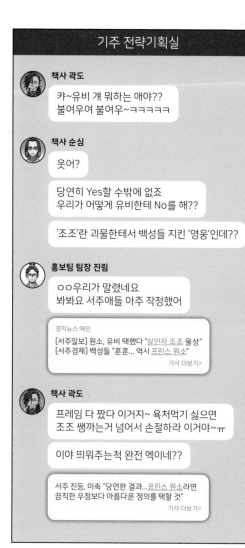

책사 곽도
캬~유비 걔 뭐하는 애야??
불여우여 불여우~ㅋㅋㅋㅋㅋ

책사 순심
웃어?

당연히 Yes할 수밖에 없죠
우리가 어떻게 유비한테 No를 해??

'조조'란 괴물한테서 백성들 지킨 '영웅'인데??

홍보팀 팀장 진림
ㅇㅇ우리가 말렸네요
봐봐요 서주애들 아주 작정했어

정치뉴스 메인
[서주일보] 원소, 유비 택했다 "살인자 조조 올상"
[서주경제] 백성들 "훈훈... 역시 프린스 원소"
기사 더보기>

책사 곽도
프레임 다 짰다 이거지~ 욕처먹기 싫으면
조조 쌩까는거 넘어서 손절하라 이거야~ㅠ

이야 띄워주는 척 완전 멕이네??

서주 진동, 미축 "당연한 결과... 프린스 원소라면
끔직한 우정보다 아름다운 정의를 택할 것"
기사 더보기>

책사 전풍
허참...유비칭찬...좀만 덜 하시죠...

조조 그 양반...얼마나 자존심 상했을지ㅠ

?!

기주 전략기획실

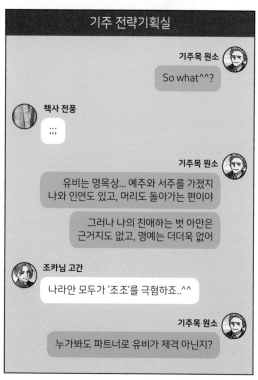

기주목 원소
So what^^?

책사 전풍
;;;

기주목 원소
유비는 명목상... 예주와 서주를 가졌지
나와 인연도 있고, 머리도 돌아가는 편이야

그러나 나의 친애하는 벗 아만은
근거지도 없고, 명예는 더더욱 없어

조카님 고간
나라안 모두가 '조조'를 극혐하죠..^^

기주목 원소
누가봐도 파트너로 유비가 제격 아닌지?

*〈정사〉 서주 토박이들, 원소 걱정하는 척 협박하다.
"간웅 조조가 주인 없는 우리 서주를 하루아침에 친다면 원소 어르신께 하루종일 그치지 않을 큰 걱정을 끼칠까 두렵습니다."

기주자사 원소

그런데도 옛정이 있어…
도적이나 다름없는 아만을

아니 조조를^^

모든 손해 감수하고
친히 거두어 주겠다는데

내가 왜?

내 '아랫사람' 자존심까지
챙겨줘야 하는지^^?

어르신! 아시오?
이 사람의 이름은…

사실 어르신이
지어준 거나 다름없다오!

뭐…?!

날 때 받은 이름으로
50년을 살았지요.
그러나…

조조란 젊은이는!
그만큼 쇼킹했거든!

*(정사) 정욱. 원래 이름은 정립. 그러나 조조의 책사가 되고 이름을 '정욱'으로 바꾸다.

*〈정사〉 정욱, 내내 벼슬 거부하다 쉰이 넘어서야 조조에게 가다.

그런데… 이 정욱의 태양이
남 그림자 밑에 숨고자 해?

*〈정사〉 정욱, 본래 이름 립(立) 위에 태양(日)을 붙여 이름을 '빛날 욱(昱)'으로 바꾸다.

어찌 그리 겁이 많아…
어찌 그리! 생각이 짧아!

하실 수 있습니다!
혼자 여기까지 오셨으니…

반드시! 조조가 걸어온
길에 답이 있어요!

원소에게 숙였다간…
모든 걸 빼앗깁니다!

*〈정사〉 정욱, 조조에게 화내다. "원소 밑에 들어가겠다니, 일이 닥치자 두려우셨던 겁니까? 아니면 깊이 생각지 않은 것입니까!" 「정욱전」

이 정욱!
어르신이 뭐라든!
명 받잡겠소.

어찌해야 우리가
이기겠습니까?

나, 나는…
몰라…

어디서! 하루아침에…
십만 대군 먹일 식량을
얻겠습니까?

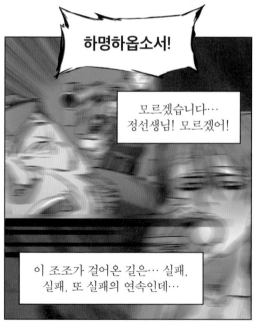

하명하옵소서!

모르겠습니다…
정선생님! 모르겠어!

이 조조가 걸어온 길은… 실패,
실패, 또 실패의 연속인데…

……?!

그래… 그래! 그거다!

조조는 친구가 없어

황건적을 털어라

*〈정사〉 조조, 연주 근처를 휘젓는 황건적떼를 소탕하기로 맘먹다.

선생님도 기억하시지? 내가 황건적 소탕 지휘했던 것!

근데… 아시다시피! 그때 놈들을 죄다 뿌리 뽑은 게 아니란 말이지?!

잔당들이 곳곳에 숨어 있어요. 이 근방에도! 있을 터!

근데 과연? 놈들이 빈손으로 다닐까?

!

아니지! 분명… 저들 먹을 건 꿍쳐놨을 거다 이 말이야!

쌀이야 금이야… 잔뜩 쌓아뒀을 거라고! 겨울 맞은 쥐처럼! 푸하핫!

105

황건적을 털어라

허, 허나! 어르신!
그게 사실인들…

다 황건적이…
백성들에게 억지로
빼앗은 것 아닙니까?!

장물을 저희가 멋대로…
차지해도 되는지…?!

어허~ 선생님!
어찌 무정한 말씀을?

제가 꿀꺽한 거 알면!
백성들도 기뻐하겠지요!

이 조조가 배부르고
등 따셔야…ㅋㅋㅋ

저 비겁한 반란군을
해치우고!
연주 땅을 도로 차지해!

어두운 천하를…
밝게 비출 거 아니오?

106
•
삼국지톡

아니면?
다시 서주로
쳐들어가리이까?

시건방진 유비놈 조질 겸!
가서 피난민들
라면이라도 털어와?!

안 됩니다!

어르신! 생각이… 있으십니까?!

그 많은 피를 보시고도 어찌…

또 모든 걸 잃으려 하십니까!

떽! 순선생!

아이고~ 농담입니다, 농담!

*〈연의〉 순욱, 서주를 치자는 조조의 말에 반대하다.
**순욱, "우리가 떠나면 여포는 누가 견제합니까? 서주 백성들은 유비를 도와 죽기살기로 싸울 테니, 작은 것 탐내다 큰 것 잃게 됩니다!"
***〈정사〉 조조가 이때 서주를 치려고 한 기록은 없다. 작가 나관중이 소설 『삼국지연의』에서 창작한 대화.

순선생! 섭하네~
날 그리 못 믿으시나?

아무렴 내가~
그런 바보짓 하려고?

그나저나 선생!
무서워서 혼났네!

쯔쯔

그대 주군한테…
다짜고짜 호통이라니?

순선생도… 나한테
뭐 쌓인 거 있으신가?

배신자 진궁처럼!

아잉~ 어른들!
왜 구랭 싸우디 마여~ㅠㅠ

분위기 왜 이래?
나 무서워서 울죠?
막 쉬 싸죠?!

야잇… 마!
이거 안 돼?!

갓쌤~ㅋㅋ 뭐예요.
아마추어같이?

:

갓르신 지금
개예민하죠?
손대면 툭 터지죠?

!

:

쌤~ '조조'랑 같이
큰일 하고 싶다면서~

근데 대업의 '도구'한테…
미운 털 박히면 끝 아닌가ㅋ?

소… 송구합니다.
제가 괜히 어깃장을
놓았습니다!

제가… 길을
잡겠습니다!

뭐?!

밖에서 들었습니다.
제 고향 영천에… 분명!
황건적 잔당이 있습니다!

그, 그래!
뜬소문은 아니겠군?!

연주

대군이 움직이기에…
안전한 길목이 몇 있습니다.

전군! 오늘 저녁은…
배 터지게 먹어보자!

예주, 영천

*〈연의〉 순욱, 조조에게 영남과 영천(순욱 고향) 등지에 황건적이 출몰한다 고하다.

*〈연의〉조조, 조인 등 견성에 남겨두고 황건적 직접 치다.

*〈연의〉 조홍, 패하고 도망치는 척하면서 하만을 방심시키고는 베어버리다.

*〈연의〉 조홍, 쓰러진 하만 목을 내려쳐 숨 끊어놓다.

황건적을 털어라

날뛰는 호랑이, 허저

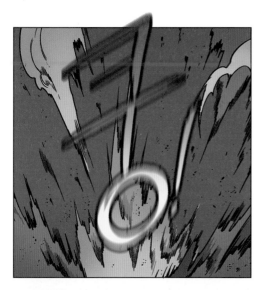

푸헉!
칵~ 퉤!

이런 망할…
뭐, 뭐냐?!

어, 어르신!
괜찮으십니까?!

빌어먹을… 당연하지!
장군! 왜 오버야?

자네 땜에 갈비 다 나갔네!
이깟… 돌덩이가 뭐라고…

어……
어……!

억?!

*〈연의〉 수수께끼의 인물 허저, 황건적 식량 창고 털어가려던 조조를 가로막다.

*〈연의〉 조조군 장수 전위, 온몸으로 허저를 막아서다.

비켜… 저 작은 놈…
찢어죽일 테다…

감히… 내 쌀…
건드려?

쌀?! 쌀이라니… 설마!
황건적이 쌓아둔 저것 말인가!

역시! 네놈 또한 황건적이구나!

허! 네 재주가 아깝다!
이 전위, 조조군에서 손꼽는 장사…

크윽! 한데… 날 힘으로 찍어누르다니!

*〈연의〉 전위, 산속에서 맨손으로 호랑이 잡다가 조조에게 발탁되다.

오냐! 너 같은 도적들도
먹고는 살아야지···
그러나··· 미안하다!
모쪼록 굶어죽어다오!

내 주군의 대업에···
이 식량이 꼭 필요하다!

내가 죽는 한이 있어도!
여기서··· 단 한발짝도
물러서지 않으리···

전위! 멍청하긴···
뭐하러 버티나?!

!

물러서라!
걸리적댄다!

*〈연의〉 조조, 전위를 미끼로 삼아 허저 붙들다.

홍! 황건적 주제에…
제법 잔재주를 부리는군!

마! 이 옷 꼬라진 뭐냐?!
니가 초딩 저학년이냐?!

뭔 사연이든!
이제 끝이다, 이 괴물아!

단칼에 목 쳐주마!

…커억?!

이, 이게 뭐냐? 우유?!
우웨에에엑… 썩은내!!!!

[영천초등학교] 7월 우유급식

뼈튼튼 칼슘듬뿍 유기농 딸기우유

흐, 흥! 꼴좋다!
여름에 받은 거…

안 먹고 사물함에서
푹 썩힌 건데ㅋㅋ

이 나쁜 놈들아!
우리 ♥허염둥이♥
괴롭히지 마!

어엉?!
허염둥이?!

연주, 복양성
조조를 몰아낸
반란군들의 근거지

복양성

하~ 이 썩을 놈을 어째?

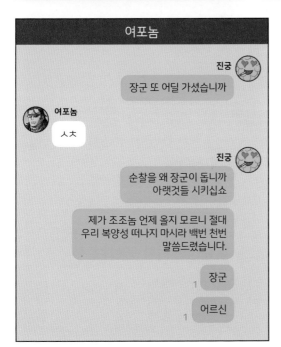

여포놈

진궁
장군 또 어딜 가셨습니까

여포놈
ㅅㅊ

진궁
순찰을 왜 장군이 돕니까
아랫것들 시키십쇼

제가 조조놈 언제 올지 모르니 절대
우리 복양성 떠나지 마시라 백번 천번
말씀드렸습니다.

장군
1

어르신
1

빌어먹을…
얀마, 순찰은 개뿔?!

초선   설란

여포   이봉

♥ yeo4da**님 외 3,333명이 좋아하오
yeo4da** 마눌이랑 놀러나옴ㅋ 따까리들 신고식중

*〈정사〉 조조 책사 진궁, 조조에게 실망하다. 동탁 죽이고 떠돌던 여포 불러와 연주 근거지로 삼은 조조를 쫓아내다.
**〈정사〉 연주 사람 설란과 이봉, 여포 밑으로 들어가다.

미치겠군… 여포, 너 같은 뺀질이를 상전이라고!

됐다! 어차피 주요 거점 두 곳이 다 우리 차지… 여기만 지켜내면… 조조놈에게 승산은 없어…

복양성

연주성

잠깐… 설란, 이봉?! 다, 당신들! 왜… 거기서 여포랑 술 푸고 앉았어?

연주성은… 어쩌고?

흐힉… 억?! 야! 찾았다!

어 대장아! 어! 책사 양반 여기 있는데?!

어?! 어어… 후딱 바꿔줄게…

이… 빌어먹을! 절대 집 비우지 말라니깐?

*〈연의〉 복양성과 연주성은 연주에서 가장 큰 성들. 복양성은 진궁과 여포가, 연주성은 설란과 이봉이 지키다.
**〈연의〉 여포, 중요한 연주성을 멋대로 부하들에게 맡기다. 설란과 이봉, 빽하면 성을 비우고 나다니다.

다굴엔 장사 없다니까

불길하다.

여포놈이···

날 찾는다고? 왜?!

내 연락 전부 개껌처럼 씹더니만

대체, 무슨 바람이 불어서?

여포..ㅋㅋ

취소

통

헉, 헉··· 안 들리냐?
야 안경잡이!

대체 무슨… 끔찍한 일이 생겼기에!

예, 장군! 납니다!
어, 어쩐 일로…

여기 연주성 근천데!
씨 완전히 ㅈ됐네…

…습격이다!
아랫것들 다 잡히고…
나만 겨우 몸 뺐다고!

툭

연주성

여포 부하
연주 사람
이봉

조레기…
그 빌어먹을 놈!

끄…으아악!

여포 부하
연주 사람
설란

*〈연의〉조조, 여포 부하들이 지키던 연주성을 빼앗다.

야 허장군!
빨간색 잘 받네~!

혈색이 살아!
푸하핫!

괴력의 소유자
조조의 장수
호랑이 허저

감사…
합니다…

하! 저런 맹장을
죽였더라면…

…아까워서 밤마다
울 뻔했지 뭐냐?

얼마 전…

뭐?!
허저 그놈…
황건적
아니라고?!

그래! 이 개똥들아!
멍청이들아!

니들 틀렸거든?
다 반대거든?!

허저 삼촌 황건적
개개극혐하거든?!

*〈연의〉 조조의 장수 허저, 연주성 지키던 여포 부하 이봉을 죽이다.
**〈정사〉 허저, 황건적에 맞서다. 가족들과 성 쌓고 화살 대신 돌 던져 싸우며 힘없는 백성들 지키다.
***〈연의〉 조조, 허저를 스카우트하다.

삼촌이 우리 먹여 살리려고
얼마나 고생했는데…

[세상에 나쁜 소는 없다] 허저 선생님 강력 솔루션

우리 가엾은 소들…
잔뜩 겁에 질려 산책을 거부하는데…

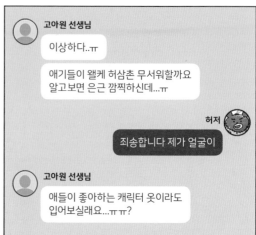

고아원 선생님
이상하다..ㅠ

애기들이 왤케 허삼촌 무서워할까요
알고보면 은근 깜찍하신데…ㅠ

허저
죄송합니다 제가 얼굴이

고아원 선생님
애들이 좋아하는 캐릭터 옷이라도
입어보실래요…ㅠㅠ?

내 사람들을…
모두 거두어주신다니…

히이익!

이 허저… 목숨 바쳐
조조 어르신을 따르겠소…

우, 우와악!

억?!

*〈정사〉 허저, 성안에 식량 떨어져 사람들이 굶자 도적들에게 소 주고 양식 받아오려 하다.
그러나 소들, 겁먹고 달아나니 소꼬리 잡아 백 걸음 넘게 끌고 가다. 적들 깜짝 놀라 도망치다. 「허저전」
**〈정사〉 허저, 별명이 '바보 호랑이(호치虎癡)' 장군. 호랑이처럼 용맹하나, 칭찬 들으면 눈만 동그랗게 뜰 만큼 겉보기에 무던해 보였다고. 「허저전」
***〈연의〉 허저, 조조에게 장담하다. "저를 받아주시니 예물 삼아 어르신께 여포 부하인 설란과 이봉의 목을 바치겠습니다."
이봉 죽음에 놀란 설란, 도망치다.

다굴엔 장사 없다니까

커억…

*〈연의〉 조조군 참모 여건, 도망치던 설란을 쏴 죽이다.

간만의 승리요!
적들 기세도 꺾이겠지!

예! 연주성도 되찾았으니…
반란군 한쪽 날개
팍 꺾은 셈이지요!

허나 어르신!
혹 잊으셨습니까?!

…놈들에겐 아직
여포가 있습니다!

천하에… 대적할
자가 없다는데

놈을… 무슨 수로
처치하시려고요?!

…잘ㅋ?

*〈연의〉여포, 진궁이 말리는데도 몸소 조조를 추적하다.
**〈연의〉조조, 일대일로는 여포에게 승산이 없다며 톱급 장수들 모조리 보내다. 전위, 허저, 하후돈, 하후연, 이전, 악진 6대1로 여포를 치다.

다굴엔 장사 없다니까

며칠 전

연주, 거야중학교

내일부터 시험이다~
놀지 말고 공부해라!

뭐 보는데?
뭐가 그렇게
재밌길래…

아 극혐!
이딴 거 왜 보냐?
유치하게.

라고 전교 1등께서
말씀하십니다ㅋ

야 1화만 봐.
개재밌는데ㅋ

아, 싫어. 뇌세포 죽어.
나 싸우는 거 진짜 싫다고!

무야?

왜
싸움?

따라나와라
전학생ㅋ

일진천하15화

…으의!

컥!

피비린내 나는 거
다 싫어…

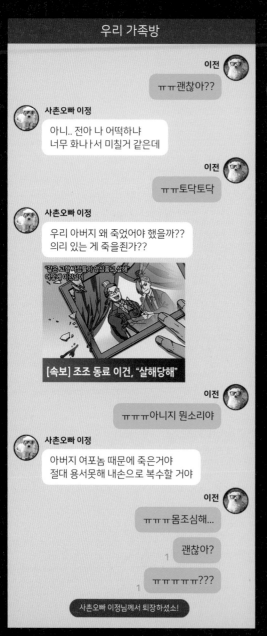

*〈정사〉 연주 사람 이건(이전의 숙부), 연주자사 조조에게 끝까지 충성하다. 같은 연주 사람 설란과 이봉, 조조 배신하고 여포에게 붙다. 이건, 설란과 이봉에게 살해당하다.
**〈정사〉 이전의 사촌 이정, 아버지 군사들 이끌고 조조 따라 여포 부하 설란, 이봉과 싸우다. 조조에게 인정도 받았으나 일찍 죽다.
***〈정사〉 이전, 군사와 관련있는 것은 모두 꺼리다. 「이전전」

그리고 현재…

삼촌 있지~
나쁜 놈이랑 싸우느라
탈모 올 지경이거든?

니가 그놈 한 대만
꽁~ 때려줄래?

너도 알지?
여포^-^

야… 쥐콩아.

닌 뭐냐…?!

*〈연의〉 이전, 조조군 톱급 장수 5명과 함께 여포 공격하다.
#니가왜 #거기있어

야잇…
정신 나간 양반아!
뭐, 뭔 짓이여 이게?!

하다못해 운동이나
무술 하던 애면 모를까…

애 딱 봐도!
인문계구먼!

쓰읍! 그만!
그게 다 편견이다~

인간이 말야!
맘먹으면 뭐든 할 수 있어~
엉크?

책사 곽가어린이
어? 괜찮을껄요크?
요즘애들 다 문이과통합이라ㅋㅋ

조조
?

책사 곽가어린이
이과가 글써서 소설가 하고
문과가 코딩해서 개발자 하는 세상에

전교1등 급식러가 조조군 장수 왜 못해ㅋ

조조
아하 그러냐?

그리고 어려도… 걔가
뼈대 있는 연주 이씨 집안
대장이다!

그런 이가 내 편에서
싸운다고 알려져야!
다른 연주 놈들 민심도
내 쪽으로 쏠릴 터…

*〈정사〉 조조, 아직 어린 이전에게 이씨 가문 전권 넘기다. 큰 벼슬 주며 중요하게 쓰다.

절대 여포 놓치지 마라!
죽어라 매달려라!

이전 그 꼬맹인
절대 안 죽게 지키고!

연주, 복양성

말 되는 소릴 하셔!
여포만으로도 벅찬데…
어린애 지키면서
저 짐승을 뭔 수로 죽여?!

뭘 죽여~ 발만 묶어놔!
절대 이리 못 오게!

괴물 여포만 없으면!
이기는 건 식은 죽 먹기다!

선생! 틀렸네!
마, 막을 수가 없어!

빌어먹을! 이 급한 때에
여포 그 친구는

장막 어르신

…대체 어딜 가서
코빼기도 안 비춰?!

취소   통화

*〈연의〉 조조, 반란군 돌격 대장인 여포 발 묶다. 그 틈을 타 반란군 본대 맹공격하다.

*〈정사〉 연주 토박이 장막, 반란군 이끌고 싸우다. 조조에게 속수무책으로 당하다.
**〈정사〉 장막, 조조와 사이 나쁜 군웅이자 예부터 알고 지낸 사이인 원술에게 도움 청하고자 하다.

의리에 살고, 의리에 죽고

어르신!
사람이 말이야…

지 주제를 알아야
오래 사는 법이거든?

왜 분수도 모르고…
조조놈한테 덤벼?

장막의
부하

커, 허헉…

반란군 대장
장막 字 맹탁

조가 그놈이!
얼마나 지독한 놈인데!

…뭔 깡으로 반란을
일으켰냐 이 말이야!

마, 맞아!
다 당신이랑… 진궁 탓이야!

우리는 명령만 따랐어!
나도… 피해자라고!

주, 죽기 싫어…

반란군 참모
진궁

*〈정사〉 조조, 서주대학살을 일으키고 자기 비난하는 이들 죽이다. 조조 책사 진궁, 조조의 오랜 친구 장막을 꼬드겨 연주 땅에서 조조 쫓아내다.

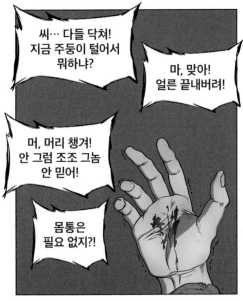

아, 안 돼!
태, 태수 어르신…

허… 헉?!

으, 으어어…

트, 틀렸다! 조, 조조
조조놈이…!!!

서, 성문을 뚫는다!!!

*〈정사〉 조조, 반란군에게 빼앗겼던 연주를 되찾다.

여포와 초선의 딸
어린아이
금

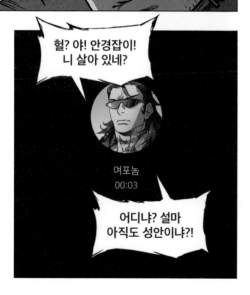

조조의 화려한 귀환

여, 여포? 살아 있었느냐!

야! 아저씨!

무사해? 안 다쳤지?!

헐! 마눌! 내 앞에서 딴놈 챙겨?

뭔 헛소리야?! 울 애기 말야! 멍충아!

그래! 정신 차리자!

헉!

헉!

헉!

뛰어라 진궁! 뛰어!

아직··· 그 어떤 것도
포기하지 마라!

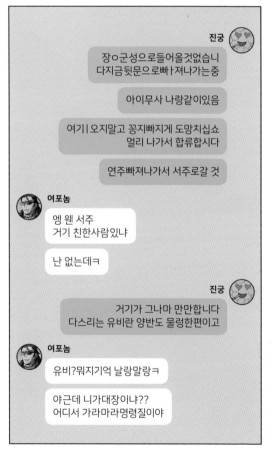

진궁

장ㅇ군성으로들어올것없습니
다지금뒷문으로빠ㅏ져나가는중

아이무사 나랑같이있음

여기오지말고 꽁지빠지게 도망치십쇼
멀리 나가서 합류합시다

연주빠져나가서 서주로갈 것

여포놈

엥 웬 서주
거기 친한사람있냐

난 없는데ㅋ

진궁

거기가 그나마 만만합니다
다스리는 유비란 양반도 물렁한편이고

여포놈

유비?뭐지기억 날랑말랑ㅋ

야근데 니가대장이냐??
어디서 가라마라명령질이야

아 좀 닥치시고!
걍 내 말대로 하셔 쫌!

뭐 이 X꺄?!
이게 어디서
반말을···

*〈연의〉 진궁, 여포의 가족을 챙겨 조조의 포위망에서 탈출하다.
**〈정사〉 도망친 진궁과 여포군, 서주로 향하다.
***전국에 여포 적들 깔린다. 수도 장안의 이각과 곽사는 여포가 죽인 동탁의 부하들이고, 기주 원소는 여포를 죽이려 했고, 형주 유표는 원소와
친한데다 점잖은 콘셉트로 여포와 케미가 제로이며, 양주 원술은 여포를 이미 한번 거절했다.

오냐! 조조…
오늘은 내가 졌다! 그러나!

그래…
서주 땅이
답이야…

내 무슨 수를 써서든
살아남겠다. 그뿐이냐?

*〈정사〉 진궁, 조조와 장막에 이어 여포를 세번째 주인으로 택하다.

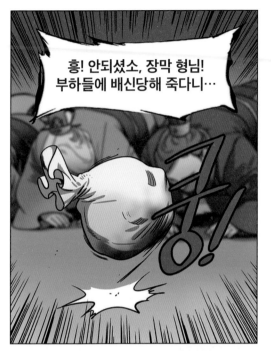

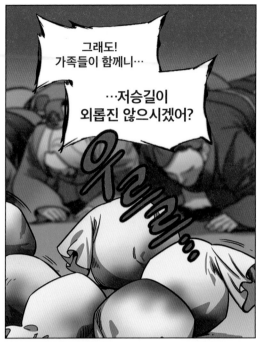

*〈정사〉 조조, 반란군 대장인 장막 가족의 삼족을 멸하다.

음?!

조조의 책사
도리를 아는 자
순욱 字 문약

수, 순선생?

내 말 못 들었나?!
불충한 자만!
나오라고 했어!

썩… 자리로
물러나시게!

…싫습니다!

수, 순선생님! 뭐하잔 거야?!

이, 일단 멈춰!

죽기 싫음! 서라고!

*〈정사〉 조조, 반란으로 연주에서 쫓겨나다. 정욱과 순욱, 필사적으로 거점 도시를 지켜 그곳들을 발판 삼아 연주 되찾다.

손책의 20번째 생일

순욱이 일으킨 지각 변동은 조조와 연주를 뒤흔들었다.

연주

한편, 연주 남동쪽…

큰 강줄기가 너른 땅을 달리는 양주.

양주

…조조에게 지고 도망친 원술이 혼란의 불길을 일으키는 가운데,

두 명의 아이가 조용히 스무 살 생일을 맞았으니…

깸 깸…

♪강가에 서서 강가에 서서 멍하였던 그 님을 생각해봤어~♪

푸하하핫~! 임자~ 오늘은 공쳤구먼?

양주, 여강군

어느 조용한 호수…

어째 하루종일 입질 한 번 없어 그래?

내 한 마리 노나줘~?

♪외로워져서 외로워져서 네 이름을 불러보았어~♪

아이고 됐네~! 거 노래나 좀 끄소!

손책의 20번째 생일

손책의 20번째 생일

*황개와 정보는 손책의 아버지인 손견의 장수들. 손견이 죽은 뒤에도 어린 손책에게 충성하여 곁을 지키다.

*〈정사〉195년 여름, 가뭄이 크게 들다. 「후한서 본기」

우리 적들은 이달을 못 넘기고 항복할 겁니다!

으하하학! 거봐라 정가야!

이이익~!

우리 주쁜이가 귀신이라니까는~?

아가! 니 말대로다. 적들이 드디어 항복했다!

고 지독한 육가 놈들이! 드디어 성문 열었다 이 말이야!

하이고~ 징해라! 밥도 없이 2년을 뻐겨?

소식 ⌄

강동데일리

[속보] 육씨가문, 결국 항복..."졌습니다"

육씨가문, 성문 잠그고 버텼으나 "식량 뚝 떨어져"
<u>원술</u> 부하 <u>손책</u>(20), 2년간 끈질긴 공격...네티즌 "징하다"

기사 더보기 >

*〈정사〉주유, 건강하고 자태와 용모 빼어나다. 「주유전」
**〈정사〉조조에게 쫓겨간 원술, 강동지역에 세력 넓히다. 부하인 손책을 앞세워 강동 대명문가 육씨 집안 공격해 쓰러뜨리다.

조에게 패한 군웅 원술. 강동에서 세력 떨치다. 강동 대명문가 육씨 집안을 초대한 날, 아이가 귤 두 개를 소매에 넣어 훔치다.
며 말하다. "내 집에 손님으로 와놓고, 어찌 떠날 땐 내 귤을 두 개 숨겨 가느냐?"

자, 잘못했어요…

어머니가…
귤을 좋아하셔서
기쁘게 해드리려고…

이런! 그랬느냐?

이 쫌생이가…
웬일이지?

우아한 원씨-육씨 친목방

 육씨집안 육강

다시 한번. 송구합니다 어르신

원술

괘념치 마시도록.
철없는 어린아이 잘못 아니오?

효자에게는 오히려 상을 줘야지.

To.기특한 효자 육적
비타민 듬뿍 고당도 햇귤 [배송]

0 12345 67890 5

허나… 그대는 어른이니 염치를 알 터
가는게 있으면 오는 것이 있어야지?

우아한 원씨-육씨 친목방

원술

나는 강동만으로 만족하지 않소
장차 큰일을 하려면 서주땅을 차지해야해

늙은 도겸이 골골대고 있으니
천것들이 탐내기 전에 내가 취해야지

 육씨집안 육강

………

원술

날 도울 기회를 주겠소 영광으로 알도록

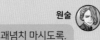 육씨집안 육강

감사합니다만. 어르신.
정중히 거절하겠습니다.

저희 육씨집안의 쌀과 돈은. 모두
제 가족들과 백성들의 몫입니다

---

*〈고사성어〉 육적회귤陸績懷橘 : 지극한 효심을 뜻하는 말. 원술. "참으로 효자로다!"하며 육적에게 귤을 더 집어주다.
**〈정사〉 원술. 육씨 집안에 군량 요구하다. 그러나 거절당하다.

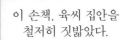

이 손책, 육씨 집안을
철저히 짓밟았다.

내 아버지…
손견 장군처럼!

명령은 주인이 내려도,
피는 장수 손에 묻히는 법…

그러나 이 손책!
어깨에 가족들과 군사들과…

나의 벗, 주유와 맺은
굳은 맹세를 짊어졌다!

그리고 현재…

나도… 내가
양아치짓 한 거

매우! 아주!
잘 알거든?

?!

그러니
나는…

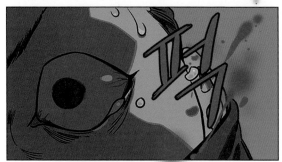

…훈련받지 않은 자야.

한데 칼과 옷은
꽤나 값진 거군?

'칼 들고 덤빌 만큼
내가 미운 명문가'라~

책이가 워낙
착하게 살아서 모르겠네~?
주유, 넌 알겠냐?

아직도 드립이
치고 싶냐?

왜? 웃을 일 맞지!
캬~ 내 인생 미쳤다!

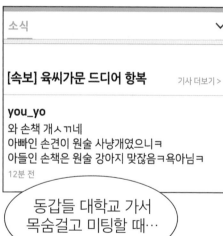

소식 ⌄

[속보] 육씨가문 드디어 항복   기사 더보기 >

you_yo
와 손책 개ㅅㄲ네
아빠인 손견이 원술 사냥개였으니ㅋ
아들인 손책은 원술 강아지 맞잖음ㅋ욕아님ㅋ
12분 전

동갑들 대학교 가서
목숨걸고 미팅할 때…

난 자객이랑 목숨걸고
데이트하네~ㅋㅋㅋ

*〈정사〉 손책, 성격이 활달해 농담을 즐기다.

원술이 키우는 강아지

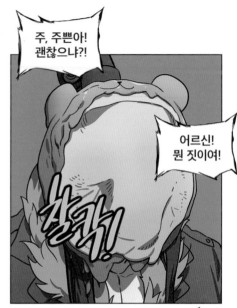

주, 주뻔아! 괜찮으냐?!

어르신! 뭔 짓이여!

푸하하핫! 아싸 배경화면 득~!

야 주유! 나 섭섭해~ 니 왜 종일 화만 내냐?

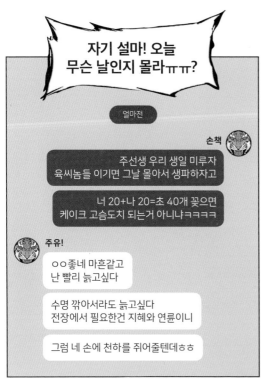

자기 설마! 오늘 무슨 날인지 몰라ㅠㅠ?

얼마전

손책 🐯

주선생 우리 생일 미루자
육씨놈들 이기면 그날 몰아서 생파하자고

너 20+나 20=초 40개 꽂으면
케이크 고슴도치 되는거 아니냐ㅋㅋㅋㅋ

🐯 주유!

ㅇㅇ좋네 마흔같고
난 빨리 늙고싶다

수명 깎아서라도 늙고싶다
전장에서 필요한건 지혜와 연륜이니

그럼 네 손에 천하를 쥐어줄텐데ㅎㅎ

야 주선생!
니 목숨 안 깎아도
나 큰일해!

축하할 땐 축하하고!
기쁠 땐 맘껏 기뻐해야지!

걱정만 하다가
좋은 날 다 놓칠래?

우리도 술 먹자!
축하주 겸 생일주다!

말이나 못 하면…
아오! 단내!

귀에도
들어갔네…

끄어억!

*손책과 주유 생일은 겨우 한 달 차이(손책이 빠름).

손책군 처형장

믿을 수가 없군…
상명하복은 목숨!

손책 장수
황개

지엄한 군령을 어기고
감히 상관을 죽인 죄…

죽음으로 벌한다!

죄인의 투구를
벗겨라!

*〈정사〉 손책군 병사, 상관을 죽이고 자수하다.

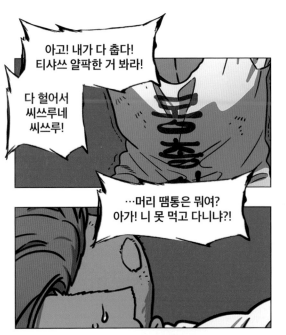

#낙양구경 #장안구경

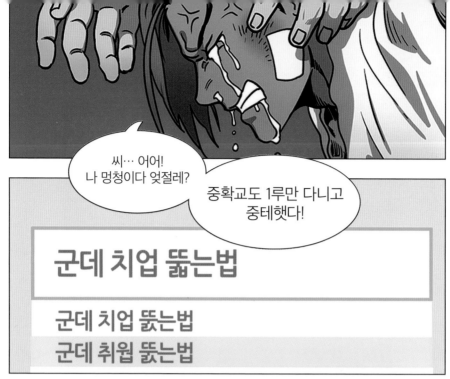

*〈정사〉 여몽 "독서는 공부하는 자들이나 하는 거다. 난 전장에 나가 이기면 그만이다."

외 다나 무시하는대…

어리고 멍청하고 돈업는개 죄냐?

엇저라고… 이럿개 태어낫는데!

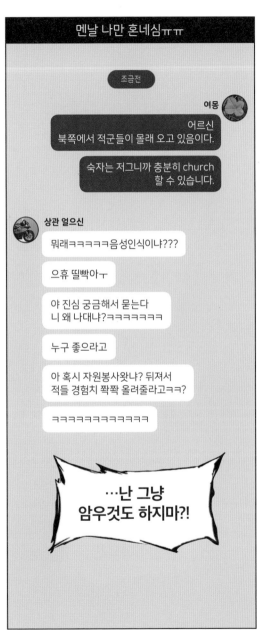

멘날 나만 혼네심ㅠㅠ

조금전

여몽

어르신 북쪽에서 적군들이 몰래 오고 있음이다.

숙자는 저그니까 충분히 church 할 수 있습니다.

상관 얼으신

뭐래ㅋㅋㅋㅋㅋ음성인식이냐???

으휴 띨빡아ㅜ

야 진심 궁금해서 묻는다 니 왜 나대냐?ㅋㅋㅋㅋㅋㅋ

누구 좋으라고

아 혹시 자원봉사왔냐? 뒤져서 적들 경험치 쫙쫙 올려줄라고ㅋㅋ?

ㅋㅋㅋㅋㅋㅋㅋㅋㅋㅋㅋㅋ

…난 그냥 암우것도 하지마?!

*〈고사성어〉오하아몽吳下阿蒙 : 오나라의 어리석은 아이 여몽. 여몽처럼 '무예는 뛰어나나 학식은 없는 사람'을 일컫는 말.
**〈정사〉여몽, 배움이 짧아 군사 보고를 글 대신 말로 하니 비웃음당하다.
***〈정사〉여몽, 나이로 계속 놀림당하다. "저런 어린애가 뭘 하겠습니까? 호랑이(적들)에게 고기를 먹여주는 꼴입니다."

*〈정사〉 여몽. "가난하고 천하게 태어났다고 평생 그렇게 살아야만 합니까?"

…그만!

소, 손책!
잠깐만…

더는 듣기
싫다!

자랑스러운 우리 집안
군복을 입고는…

온통 변명, 변명,
변명뿐이더냐!

*〈정사〉 원술, 손책을 전쟁터에 내보내다. 이기면 태수 벼슬을 주겠다 하고는 다른 부하에게 줘버리다.

*〈정사〉 손책, 어린 여몽의 죄를 사하고 곁에 두다.

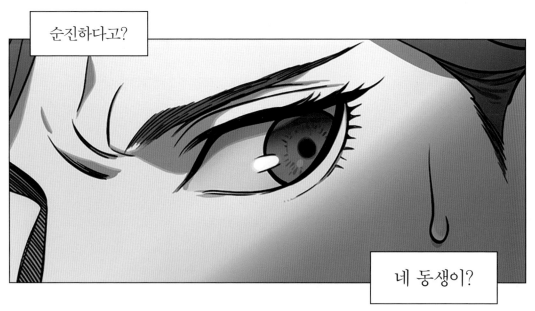

순진하다고?

네 동생이?

빤질이ㅋㅋ
아 형 ㅈㅂ
이렇게빌께 어???

나진짜 잘못했어 다신안그래

주유
야 손권.

빤질이ㅋㅋ
ㅅㅂ책이형ㅇ알면 나죽는다고!!!!

머칠 전

손책군
주둔지

손책 소꿉친구
주유字 공근

하이고~
내가 못산다!

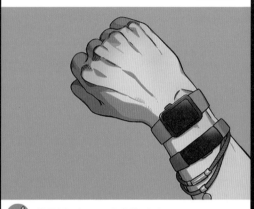

…어른 다 된 줄
알았더니만

아직 어린애구만?

손권
3일전 모바일로 작성

스트랩 색깔 별로네 참고 쓴다ㅠ

👍 주곡님 외 182명이 좋아하오!　　　　댓글41개

야 인마~ㅋㅋㅋ
내가 다 부끄럽네…

손권
21분 전 모바...

오늘개통 이게 이쁜가? 잘모르겠는데ㅠ

👍 주곡님 외 229명이 좋아하오!　　　　댓글34개

아주 자랑하고 싶어서
난리가 나셨어~!

어~?

손권
6분 전...

개나소나 다입지 이런거ㅋ #멍멍음머

👍 주곡님 외 252명이 좋아하오!　　　　댓글11개

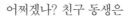

어쩌겠나? 친구 동생은

…곧 내 동생인 것을!

깜찍한 놈~ 캡처해서
평생 놀려줄까?

 와 저거 다 비싼건데ㄷㄷㄷㄷㄷㄷ

 메탈퍼플 실물 처음봄ㄷㄷ손권 맨날 뭐사냐?
중학생이 돈 윌케많음????????

🦪 **손권** 그냥 다 용돈으로 사는데ㅋ

…뭐라고?
용돈?

205

삼국지록

공금 횡령이다!

양성현을 다스리는 자가
바로…

어? 잠깐…
야, 양성현이라니?

[속보] 장수 손책 동생, "아직 중학생인데…벼슬"

현장 손권

손책, 양성현 손에 넣어 "동생 손권(중학생)현장으로 임명"
네티즌 "부럽다" "형이 잘나가니 동생도 잘나가네"

아 형 제발!
나 다신 안 그럴게, 어?!

손상향

ㅋㅋ손권 나 검도대회 초등부 또우승

손권

축하

손분

야~ 역시 핏줄 못 속이네ㅋㅋㅋㅋ
책이나 상향이나 호랭이야 호랭이!

*손상향 : 손책, 손권의 여동생. 무예가 뛰어났다.
**손분 : 손권의 사촌형. 손책처럼 완술 밑에서 종군중이다.

그후로 권이는 내 연락을 모두 씹는다.

난 몰랐지. 저 녀석이… 저런 고민을?

어머니
혹시 권이 거기있니?

주유
예???어머니 손권일 아신다고요?

호랑이군 총괄
원술 따까리
故손견의 아내
손책·권·상향의 어머니
철의 여인 오국태

*(정사) 오국태, 남편 사후에 집안을 지탱하다. 명문가인 자기 가문 힘 끌어다 손책 지원하다.

어머니
야 당연하지 니들 엄마 못속여~ 😊

걔 부하가 나서서 서류까지 조작해줬더라
어르신 들키지 마시라고

주유
헐

어머니
기가막힌다ㅎㅎ
지 아빠도 용감한 장수였고
지 형도 용감한 장수인데

권이 쟤는 중학생이 거짓말 술술에
벌써부터 간신이랑 싸바싸바 어울려??

어머니
우리집안에...
드디어 정치인이 났구나!

어머니
권력을 쥐면 쫄기 마련인데
겁도 없이 갖고 놀아버리네~

모른척해라
정직함은 아무도 못 가르친다

주유
???

어머니
윗사람이 썩으면 똥파리가 꼬이고
신뢰를 잃으면 백성들은 떠나는 법

권이는 똑똑하니 스스로 깨우칠거다

3류 정치인밖에 못 될 팔자라면
저러다 알아서 무너질테고

주유
옙..

어머니
난 내 아이가 3류는 아니리라 믿는다

주유
저도 그렇습니다

어머니
고맙다. 동생들까지 챙기느라 애쓴다

우리 주선생이랑 책이
요새 아주 날아다니대~ 😊?

주유
퍼덕퍼덕대곤 있지요ㅋㅋ

그 대단한 육씨가문을 이겼으니
이번엔 정말 손책 승진할겁니다

어머니
염치없지만 네가 책이 많이 도와줘라
지 아빠 닮아서 성격이 너무 급해

*⟨정사⟩ 손권 부하 주곡, 삥돌린 돈 감추려 장부 조작하다.
**⟨정사⟩ 오국태. 아이들 엄하게 가르치다.

어머니
힘들 때 걔가 너 아님 누구 믿겠니?

현재,

손책군
주둔지

주선생님!
잡아왔습니다!

오냐!
죄인을 형틀에 묶어라.
내가 직접 죽이겠다!

쓰릉…

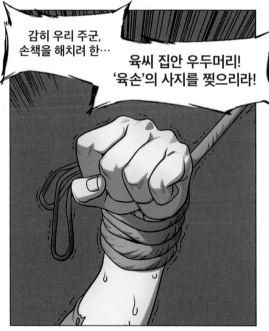

감히 우리 주군,
손책을 해치려 한…

육씨 집안 우두머리!
'육손'의 사지를 찢으리라!

어린 손권이 지은 죄

어린 포로, 육손

대명문가 육씨 집안
주인 육손(12세)

[속보] 대명문가 육씨가문, "초딩이 이끈다"
가문 위기 앞두고 긴급발표 "육손(12세, 여강초교)이 다음 희망"

어린 포로, 육손

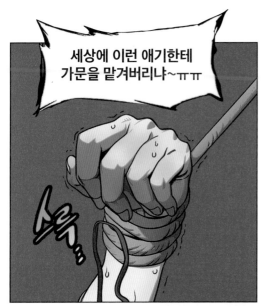

세상에 이런 애기한테
가문을 맡겨버리냐~ㅠㅠ

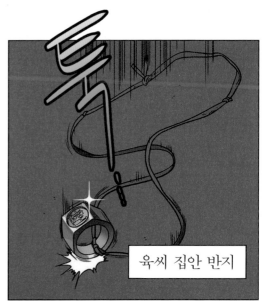

육씨 집안 반지

야, 야, 주유!
애 겁먹었다!

우리 말로 하자,
어?

요 무써~운 칼은
나한테 주고…

흐, 흐아악!

어린 포로, 육손

이 손책! 우리 집안과…

가족들의 영광을 위해 목숨걸고 싸웠다!

그리고 2년간의 끈질긴 포위전 끝에… 대명문가 육씨 집안을 무너뜨렸다.

아, 안 돼… 눈 좀 떠보세요…

제발요…

내게는 통쾌한 승리이나, 사랑하는 이들을 잃은 넌 지금…

마음이 지옥에 있을 터!

*〈정사〉 손책, 원술 명령으로 육씨 집안 공격하다. 육씨 집안, 2년간 성문 잠그고 버티느라 대다수가 굶어죽다.

……죄인 육손과 육씨 집안은 들으라!

이번 암살기도는 불문에 부치겠다.

어잉?!

어르신! 어리다고 봐주기요?!

싹 다 죽이쇼! 또 자객 보내면 어쩔라고…

실컷 보내라지! 백 명이든 천 명이든! 내가 겁낼 것 같나?

휘이잉

…흥! 미움과 원망은 싸우는 자에게 훈장일 뿐!

…날 보는 눈빛은
이토록 다를 일이냐?

어린 포로, 육손

짜샤! 왜 축 처졌냐?
오늘 좋은 날이라며?

그만! 손책!

후회하지 마라, 절대!

평생 싸운다며? 스스로… 멍에를 짊어지지 마라!

…얼른 문자나 해라!
밀린 상 내놓으라고!

어? 어어…
그래!

원술 어르신

손책

어르신 육씨놈들 항복 받아냈습니다
육손에게 충성맹세도 받았습니다

언제 가지러 갈지요

원술 어르신
? 뭘 말이냐

손책

????????,?????

원술 어르신

손책

??? 제 도장 말입니다 태수 도장

약속하셧장ㅎ습니까???

육씨가문 무너뜨리면 이번엔 정말로
태수벼슬 주신다고..

원술 어르신
아~ㅎㅎ

손책

그ㅜ말씀만 믿고 저랑 별 감정없는
육씨놈들 작살낸건데

원술 어르신
참으로 뻔뻔하구나...쯔쯔

*〈정사〉 원술, 손책에게 육씨 집안 무너뜨리면 여강태수 자리를 주겠다고 약속하다.

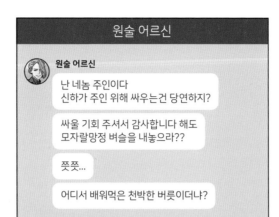

어린 포로, 육손

원슬의 비밀스런 야망

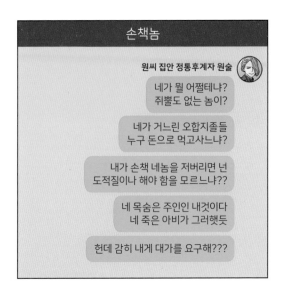

손책놈

원씨 집안 정통후계자 원술

네가 뭘 어쩔테냐?
쥐뿔도 없는 놈이?

네가 거느린 오합지졸들
누구 돈으로 먹고사느냐?

내가 손책 네놈을 저버리면 넌
도적질이나 해야 함을 모르느냐??

네 목숨은 주인인 내것이다
네 죽은 아비가 그러했듯

헌데 감히 내게 대가를 요구해???

원술 어르신

그러니 다물고
명이나 따르도록!

후우…

*〈정사〉 손책 아버지 손견.
원술 밑에서 싸우다 전사하다.

*『손자병법』 군형편 : 兵法一曰度, 二曰量, 三曰數, 四曰稱, 五曰勝.

그럼 문제다!
"이딴 푸대접
받으면서도

내가 계속 치사한 원술놈을
따라야 하는 이유를…

더도 말고 덜도 말고…
딱 한 가지만 대시오"(4점)!

……

………

모르겠군!

장난하냐?
내가 가축이야?

…보상도 못 받으며
시키는 대로 예, 예,

무조건 따르기만
하란 말이냐?

자기 섬기다 돌아가신
우리 아버지한테…

고마워하긴커녕,
조롱만 하는 저놈에게?

그러나 원술 말도
일리는 있다…

나는 아직 힘이 약해!
지금 저자 밑을 떠나면
난 빈털터리가 된다!

어쩐다?
내가 뭘 어찌해야…

원술!
네놈이 가진 모든 걸
빼앗을 수 있나?

*〈정사〉 원술, 손견이 죽자 손견이 거느리던 군사들 모두 빼앗다.

원술의 호화 저택

…우욱! 이게 홍차더냐?
사약이지!

…다시 타오라 일러라!
또 쓰고 떫었다간
탄 놈은 물론
너도 경을 치리라!

꺄악!
예, 예엣…

흥! 기분 잡쳤다!
하여간 천한 것들이란…

길바닥 구르는 돌멩이 같군!
둔하고 못났고 멍청해!

원술의 비밀스런 야망

그러나… 보아라!
이 얼마나 우아하냐?

황제의 상징
전국옥새

참으로 황제에게
걸맞은 보물이로다!

원술의 저택
지하 비밀방

세상 오직 하나뿐인,
보옥을 깎아 만든 도장…

황제의 상징인 옥새가
내 손에 들어왔다?

끼잉…

쿵!

*〈연의〉 손견, 우연히 전국옥새 손에 넣다. 손책, 손견이 죽자 원술에게 옥새 바치고 빼앗긴 군사 일부를 돌려받다.

어린아이라도…
이게 하늘의 뜻임을 알 터!

손책! 제 아비를 닮아
건방지지만 쓸모 있어.
아주!

놈이 이 풍요로운
강동 땅을
내게 바치면…

백성들은 날 두려워할 테고,
나의 곳간에는
식량이 넘칠 테지…

그럼 내 용감무쌍한
백만 대군, 천만 대군이

…이 원술의 깃발을 들고
천하를 휩쓸 터!

*〈정사〉 어린 황제(천자) 유협, 동탁에게 사로잡히다. 여포가 동탁을 살해했으나 동탁 부하인 이각, 곽사가 유협을 인질로 잡다.
**원술의 앙숙이자 하북의 강자인 원소는 원술의 배다른 형이다(어머니가 노비).

*〈정사〉 원술. 혼란을 틈타 스스로 황제(천자)가 되려는 야망 품다. 나라도 세우고자 하니 '중仲나라'라 하다.

내가… 아니 '짐'이!
새로운 하늘이 되리라!

좋아! 결심했다!
주유, 나는…

씨익..

먼저 원술놈을
'황제'로 만들겠어!

손책! 자객에게… 머리라도 맞은 거냐?

네 원수를 천자로 만들겠다고?

흥! 미운 놈에겐 떡 하나 더 주라지?

주유! 난 원술을… '황제'로 만들겠다!

네 어머니를 납치하고… 네 아버지를 죽게 했으며!

널 죽어라 부려먹는 놈을?!

야~ 말이 그렇단 거지ㅋㅋ!

원술 그놈이 아무리 멍청해도…

설마 찐으로 황제자리를 원하겠냐? 천자가 멀쩡히 장안에 살아 있는데! 뭔 트집 잡히려고ㅋㅋㅋㅋㅋ

*〈정사〉 원술, 손책 아버지 손견 부려먹다.
**〈연의〉 원술, 손책 어머니 오국태를 납치하고 손견에게 전국옥새 내놓으라 협박하다.

들어봐! 난 원술을…
황제보다 더한
강자로 만들 거다.

놈의 군사들을 이끌고
이 강동 땅을 모조리 정복하는 거지!
착한 사냥개처럼! 근데 봐라?

…개한테 물린 사람이
'개주인' 겁내냐?
'개' 무서워하지!

오호라! 어차피
싸우는 건 너니…

…원술에게 굽힌 척
놈의 힘, 돈, 명성을
골수까지 쪽쪽 빨며

…천하에 네 이름을
떨치시겠다?!

말씀 너무하시네~ㅠㅠ
몸을 웅크리고
때를 기다린다고 해줄래?
주선생님?

ㅋㅋ여튼 주유!
네 벗이자
주인으로
약속하마!

우리 눈 닿는 저 땅을…
모조리 손에 넣겠다.

그땐 모두가 원술 대신
나, 손책을
두려워하리라!

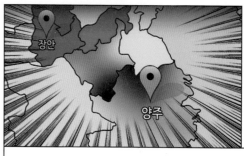

장안

양주

이후 젊은 손책과 주유는
장강 동쪽, 강동 땅을 차례차례 손에 넣는다.

한편, 황제가 머무는 수도 장안.

어린 황제를 납치하여 스스로
황제가 되려던 폭군 동탁이 죽었으나…

동탁을 따르던 부하,
이각과 곽사가 장안을 접수하며…

나라는 다시 혼란에 빠졌다.

아니, 동탁 때보다 더 개판이었으니…

켁! 놔악!
안 놔아악~?!

故동탁 부하
곽사

故동탁 부하
이각 字 치연

케엑켁~!

이, 이넘이
싸람 팬다악~!!!

*〈정사〉 탐욕스러운 이각과 곽사, 권력 다툼하다. 이각, 미신에 빠지다. 해괴하고 요사스러운 술법을 좋아하다.

소식 ⌄

[속보] 장안은 지금 지옥…"백성들의 무덤"

동탁부하 이각vs곽사 싸움에 온 도시 쑥대밭
불만 말하면 그 즉시 사형…어린 황제폐하는 힘없어 ㄷㄷ

기사 더보기 >

> 한심하구나… 참으로 한심해!
> 어찌 저럴 수가 있나?

> 온갖 권력을 차지하고도
> 만족 못 해 싸우다니?

> 또 왜 아무도…
> 저 짐승들을 벌하러
> 오지 않는 건가?

> 영웅이
> 그리 많건만…
> 우리 나라를
> 구하겠다며!

[속보] 프린스 원소, "장안패싱 계속 간다"

"지금 황제는 역적 동탁이
멋대로 세운 가짜…
충성하면 오히려 역적"

"장안도 동탁이 만든 가짜수도
…마비되어도 큰 문제없다"

"장안 혼란은 종묘사직 농락한
동탁 부하들 향한 천벌 아닐지?(웃음)"

기주목 원소 "어린 황제 유협? 신경 안 써"

*〈정사〉 이각과 곽사, 늘 싸우고 서로 앞다투어 사치를 부리니, 국고는 텅텅 비고 백성들은 굶어죽다.

그러나 제일 미운 건, 이각과 곽사도…
날 저버린 자들도 아닌!

폐하!
한푼만 주십쇼 예?

3일을 쫄쫄
굶었습니다요!

이각과 곽사
어르신은 왜…

자꾸 저희 쌀을
뺏어가신댑니까?!

아무 힘도 없는
짐이로다!

…참말로 좋은 곳에!
나랏일에 쓰시는 거
맞지요?!

미, 미안하구나…
사실은…

*〈정사〉 군웅들, 서로 세력 다툼하느라 지옥이 되어버린 장안 방치하다. 특히 반동탁연합 이끌던 원소, 장안 조정과 황실 정통성 인정하지 않다.

깍 찾았당~!
폐하양~!

으르르!
곽사 좀 혼내줘잉~!

앤 치여니 꺼라고~!
나랑 술 먹으러
갈 꺼라고~!

닥쳐라…
물리고 싶나?

에구구~

어엉? 폐하양!
근데 니 짐 머하니~?

설마 매너 없게
우리 뒷담 까닝~?

엉? 엉엉?!

*이각과 곽사, 서로 완전히 반목하지도 않다. 자기들 이익이 위협받을 땐 얼른 다시 손잡거나 다른 부하들이 화해시키다.

장안, 황궁

···폐, 폐하!
고정하시오소서!

폐, 폐하···

가후··· 그놈이 웃었다!

날 이렇게 만든 원흉!
그놈만 아니었으면 이각과 곽사는
여포 손에 죽고, 왕윤도 살아···

내가 무슨
천자더냐?

무슨··· 하늘의 자손이
이렇듯 나약하더냐!

장안은 질서를 찾았을 터!

*〈정사〉 여포가 동탁 죽이자, 동탁 부하들 장안에서 도망치다.
**〈정사〉 동탁 책사 가후, 겁먹은 이각과 곽사를 달래 장안을 공격하게 하다.

이 지옥을 만든 역적 놈을!

바로 눈앞에 두고도 욕 한마디 못 했어...

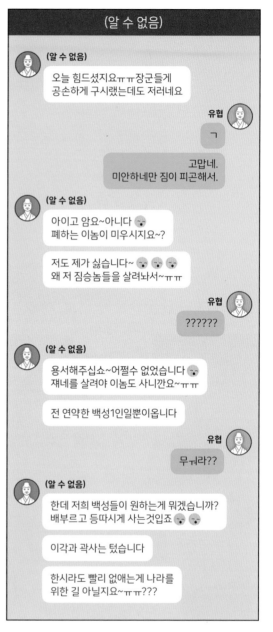

(알 수 없음)

(알 수 없음)
오늘 힘드셨지요ㅠㅠ장군들게
공손하게 구시랬는데도 저러네요

유협
ㄱ

고맙네.
미안하네만 짐이 피곤해서.

(알 수 없음)
아이고 암요~아니다 🫢
폐하는 이놈이 미우시지요~?

저도 제가 싫습니다~🫢🫢🫢
왜 저 짐승놈들을 살려놔서~ㅠㅠ

유협
??????

(알 수 없음)
용서해주십쇼~어쩔수 없었습니다 🫢
쟤네를 살려야 이놈도 사니깐요~ㅠㅠ

전 연약한 백성1인일뿐이옵니다

유협
무ㄱ라??

(알 수 없음)
한데 저희 백성들이 원하는게 뭐겠습니까?
배부르고 등따시게 사는것입죠🫢🫢

이각과 곽사는 텄습니다

한시라도 빨리 없애는게 나라를
위한 길 아닐지요~ㅠㅠ???

*〈정사〉이각과 곽사, 가후를 친근히 여겨 늘 곁에 두다. 그러나 가후가 바른말 하자 불편해하다.
**〈정사〉가후, 엉망이 된 장안 조정 바로잡고자 나름 애쓰다. "저는 나라에 은혜를 입었습니다. 의리상(?) 배신할 수 없습니다(??)"

에구구~
삭신이야~

염려마시지요~
폐하 힘없으신 것 잘 압니다~

전쟁에는 군사가 필요하지만
암살에는 꾀만 있으면 된답니다

편히 구경만 하시지요~ㅎㅎ

*〈연의〉 곽사, 선물로 받은 음식 개와 나누어 먹다. 개, 쓰러지다.

이런 망할!
음식에 독을 탔구나!

야! 119 불러!
나도 한입 먹었다…
억?

푑!

쭉 드링킹해~
토하는 덴 얘가 직방이야~

??!!@#
??%#$@??

신분	성명	이각
	품목	한우
	물품가액	

곽사양 미안했엉
이거 꼭 너 혼자먹엉~♥ - 치여니

이각…
이가악!

*〈연의〉 곽사, 사이 나쁜 이각에게서 독이 든 음식 받다.
**〈정사〉 곽사, 똥물을 마시고 먹은 것 모두 토하다.

…죽이고야 말 테다악!

끼야아아아악~!
나 아니라니까아앙~!

꺄악 억울행~!
치여니는 그런 거
보낸 적 없다니깡~?!

닥쳐라!
그걸 믿으라고?
사지를 찢어주마!

믿기 시룸 시집가등가~!
전군~! 죽여라앙~ 죽여~!

와하핫! 역적 놈들!
싸우느라 정신없구나!

고맙기도 하지… 폐하!
이게 다 가후선생

그 또라… 아니,
천재 덕분입니다!

그 친구 없었으면
어쩔 뻔했사옵니까?

가후선생
어르신~부탁하신 고기
곽사한테 무사히 전달했습니다~

양표

고맙소. 내가 가선생한테 빚졋소

이각곽사 이제, 피터지게 싸울것~^^

*〈정사〉 동료였던 이각과 곽사. 이간질당해 서로 증오하다. 여러 달 서로 공격하니 죽은 자가 만 명에 이르다. 이를 '삼보의 난'이라 한다.
**〈연의〉 양표. 어린 황제 보호하다. 곽사에게 독 보내 이간질하다.
***〈정사〉 이각과 곽사 부하 가후. 흉폭한 주인들로부터 조정 대신들을 보호하다.

*〈정사〉가후, 장안 내 갈등 심해지자 벼슬 내놓고 떠나버리다.

*〈정사〉 가후, 이각군 사기 떨어뜨리고자 "이각이 무당들에게 돈 퍼주고 우린 푸대접한다"며 충동질하다.
**〈정사〉 동탁, 웅장하던 낙양 황궁 모두 불태워버리다.

*〈정사〉 이각과 곽사, 황제가 달아나자 화해하다.
**〈연의〉 이각과 곽사, 백성들을 마주치면 노약자는 죽이고 젊은이는 잡아서 화살받이로 쓰며 유협 뒤쫓다.

*〈연의〉이각, 곽사에게 제안하다. "황제를 죽인 다음, 우리끼리 천하를 반씩 나누어 가집시다!"

충신, 조조

*〈정사〉 연주자사 조조, 천자(황제)를 구원하러 오다.

충신, 조조

모조리
궤멸하였사옵니다!

신의 차에 타시지요!
새 옷과 식사를
준비했습니다.

이제 이 조조가…
폐하를 지킬 것입니다!

＊〈정사〉 조조군, 이각·곽사군은 물론 황제를 지키려던 다른 세력들의 군대까지 격퇴하다.

…한편 서주,

유비의 거처.

이야~
이삿짐 정리는
해도 해도
끝이 없구나!

잠깐 휴식~!
나머진
내일 합시다~!

서방님아~ 웰케 서둘러요?
막 서주 와서 바쁜 때에!

집 정리는 원래
살면서 하는 거지~

269

충신, 조조

에구 너무 신났나?
하도 좋아서요~

쓰레기 주워먹으며
떠돌던 게 엊그제고…

늘 여기저기 빌붙기만 해서
여보랑 아우들한테 너무 미안했는데

드디어… 번듯한 근거지가 생기다니!

서주, 유비 근거지

이야~ 나 소오름!

서주치킨

님아! 나 뭐 하나 물읍시다?

말해보시지! 닭한테 다리 몇 개임?

쓰애끼ㅋ 유치원 안 나왔냐? 두 개ㅋ

아닌데? 딱 하나뿐이지! 왜냐면… 이건 치킨 반 마리니깐!

장비님 / 위대한등급

주문목록

서주치킨　　　　　　　32,000원

· 반반세트 : 치킨 반마리 + 피자 R
· 주문메시지 : 벨누르지 마시오 ㅇㅍ몰래 시킨거임

총 결제금액　　　　　　32,000원

*〈연의〉여포, 장비와 다투다. "저놈의 고리 눈깔 애송이(장비)는 날 업신여기는구나!"

유비 동생 관우 →
유비 아내 감소혜 →

*〈연의〉여포. 얹혀사는 신세임에도 유비를 '동생'이라 깔보니 관우, 장비 분노하다.

허! 요거~
척추 유연한 거 보소?
아주 딱딱 접히네!

씨익…

그러취~ 그게
사회생활 기본이지!

내 딱 한 번만 봐준다ㅋ
사랑하며 삽시다~ 엉?

에구구~ 옙옙!

감사감사합니다…

지금부터 1년여 전, 조조는
서주 땅을 지옥으로 만들었다.

제 뜻을 거스르면, 자기를 도와준
사람들조차 거침없이 죽였다.

이에 실망한 조조 책사 진궁,
마침 동탁을 죽이고 도망중이던
여포를 끌어들여 조조에게 맞섰지만…

반란은 실패로 끝났다.

패배한 진궁과 여포, 허둥지둥
유비가 다스리는 이곳
서주로 도망 왔으니…

꾸엑!

유비군 훈련장

쿠억!

정신 빠진 놈들!
한 합을 못 버티나?
어엉?!

*〈연의〉 관우, 술 한 잔이 식기 전에 화웅 목을 베어 오다.

*여포, 동탁을 죽인 공으로 어린 황제 헌제(유협)에게서 큰 버슬 받다.
**〈연의〉 유비, 여포가 거만하게 굴어도 제후로서 공경하다.
***〈연의〉 여포, 유비에게 거들먹대다. "귀공을 살린 건 나요. 조조가 서주를 치다가 왜 갑자기 물러났겠소?
내가 반란을 일으키자 놀라 그런 것이지!"

하이고~ 아직 수련이 부족하시네!

내 머리통쯤은 눈감고도 쪼개셔야지~

ㄱ, 겨우 흘려보냈네...

팔힘 말고 허리힘으로 휘두르라면서요~ 엉?

장생이 형!

...?!

서주성 쓰레기장

아이고~ 구린내!

후우~ 내 팔자야… 속이 탄다 타!

미안해요 여보~ 슨그륵 글그 익슥훗는드… (손가락 걸고 약속했는데)

스흐승을 뼉스느ㅠㅠ (사회생활 빡세네)

♥감실장님♥

남편ㅋㅋ음쓰만 버리고 올거죠? 진짜 몰담 아니죠?

ㅇㅇㅋ거짓말일시 나도 같이 피움~

*'장생長生'은 관우의 어릴 적 이름.

*여포, 조조에게 패하고 유비가 있는 서주로 도망가다.

*〈정사〉 진궁은 원래 조조의 책사. 그러나 여포와 함께 반란 일으켜 조조를 거의 무너뜨릴 뻔하다.

유비군 훈련장

어엉?! 둘이 고향 친구라고?

암요~! 이야~ 이게 뭔 인연이래?

여포 부하 장료

유비 동생 관우

유비 동생 장비

제가 사람 얼굴 분간을 못 해놔서~

긴가민가했는데…

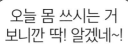

오늘 몸 쓰시는 거 보니깐 딱! 알겠네~!

과거, 어느 공사판

어린 장료

ㄴ… 그러면… 안 됨…

팔힘만 쓰지 말고 허리로… 휘둘러야…

어린 관우

*〈연의〉 관우와 장료는 같은 고향 출신.

우리? 처음부터 딱 통했죠~

어울린 시간은 짧지만!

누구누구께서 말도 없이… 사라지는 통에.

허참! 그러고는 10년은 흘러 전쟁터에서 적으로 마주치더니

…이번엔 한솥밥 먹는 식구래~ 이게 말이나 됩니까 예?!

캬~ 이거는 보통 인연이 아니야~!

미쳤지 미쳤어!

맞팔 좀 해주십셔~ 아니 번호부터 먼저?

*관우. 백성들 괴롭히는 권세가 죽이고 고향에서 도망치다.
**〈연의〉 관우. 반동탁연합에 참여해 여포와 싸우다.

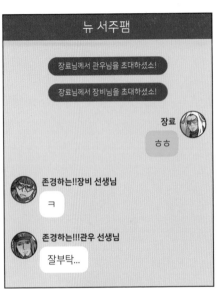

여포군 단체톡

장료
아쌤ㅠㅠ제발 두분 말려주십쇼

진궁
?

초선씨
아니 안경선생아ㅎ 나랑 여보가
드디어 우리딸램 이름 지었거든??

개맘에드는데 쟤만반대해 어이없어;;

장료

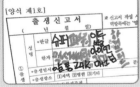

슈퍼파워멕스제네럴하이브리드ㅠ
이게 에배이름임까??필살기지?????

여포 忍忍忍
뭐왜??쎈건 다박음ㅋ
이름부터 기선제압들어가야함ㅋ

초선씨
ㅁㅈ 요즘 세상이 얼마나 험한데??

진궁
하이고 두야...

노답이잖어?
그래서 내가
이름 딱 지어줬지요!

폼나게 한 글자
'금(錦, 비단)'.

애아빠가 여포(布, 베)니깐
딸은 업그레이드 해준 거쥐~!

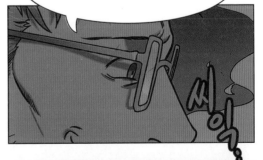
애들은… 무조건 제 어버이보다
좋은 인생 살아야 하니깐.

씨익

…?

진선생님! 혹시…?

하핫! 예~ 저도 딸램 하나 있지요!

보십쇼! 수석 졸업했다고 애엄마 입 찢어진 거~ㅋㅋ

진궁 딸 숙淑

진궁 아내 채퀄

다행히 나 안 닮아서~ㅎㅎ 어찌나 착하고 똑똑한지!

못 본 지 한참 됐습니다. 조조놈 피해 다니느라.

…내가 천벌 받는 게지요~ 나 때문에 조조놈한테

가족 잃은 사람이 어디 한둘이야?

*〈정사〉 진궁, 조조를 믿고 자기 고향인 연주 땅을 근거지로 안겨주다. 힘을 길러 군웅이 된 조조, 서주에서 대학살 일으키고 자기 거스른 연주 사람들 처형하다.

유비 어르신. 나는요!
조조 믿은 걸 후회합니다.

…그 괴물과 함께한
모든 나날을 후회해!

그러니 우리 잘해봅시다!
어르신 맴이 내 맴이야!

어르신도 조조
극혐하시잖나? 응?!

방금… 속보 떴는데

조조가 황제를
손에 넣었소!

덜 덜…

초조한 진궁

*(정사) 동탁, 여포 손에 죽다. 동탁 부하들, 어린 황제를 포로로 잡다. 조조, 군사 이끌고 달려와 황제를 손에 넣다.

*〈정사〉동탁 부하 이각과 곽사, 황제 유협을 납치해 허수아비로 삼다. 유협, 낙양으로 도망쳤으나 추격당하다.

마음씀씀이 또한
어찌나… 너그러운지…

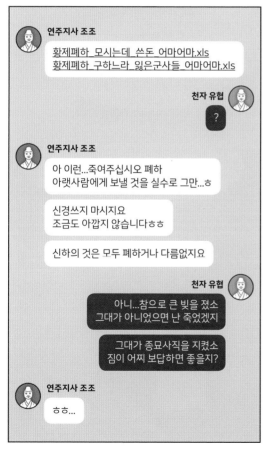

연주지사 조조
황제폐하 모시는데 쓴돈 어마어마.xls
황제폐하 구하느라 잃은군사들 어마어마.xls

천자 유협
?

연주지사 조조
아 이런…죽여주십시오 폐하
아랫사람에게 보낼 것을 실수로 그만…ㅎ

신경쓰지 마시지요
조금도 아깝지 않습니다ㅎㅎ

신하의 것은 모두 폐하거나 다름없지요

천자 유협
아니…참으로 큰 빚을 졌소
그대가 아니었으면 난 죽었겠지

그대가 종묘사직을 지켰소
짐이 어찌 보답하면 좋을지?

연주지사 조조
ㅎㅎ…

연주자사 조조!

그대는 겸손하게도
고맙다는 말이면
충분하다 하였으나…

내 그대를 무향후로 봉해
제후로 삼겠소!

*〈정사〉 조조, 황제를 모시며 겸손 떨다. "폐하께서 전에 신의 집안에 내리신 재물을 돌려드리는 것뿐입니다."

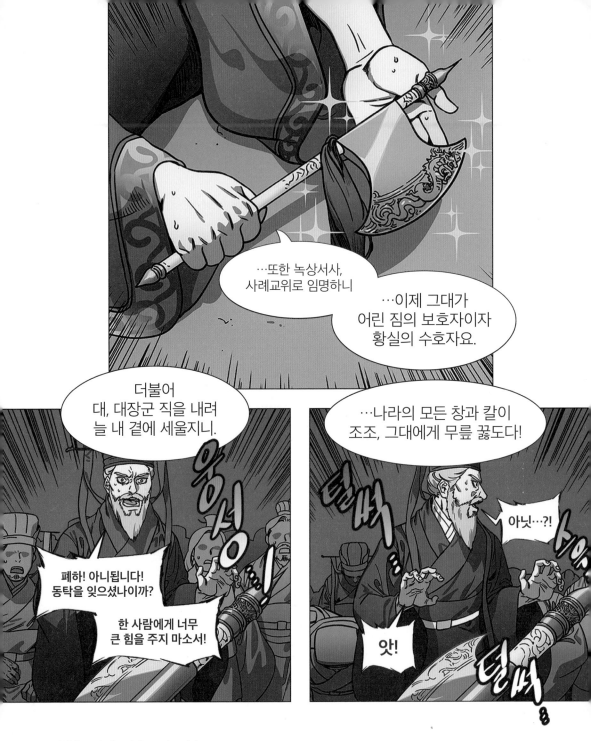

*녹상서사 : 높은 벼슬. 황제 보호자, 조언자.
**사례교위 : 높은 벼슬. 수도를 포함한 중심 지역 전체 관리자.
***대장군 : 모든 군권을 쥔 벼슬. 요즘에 비유하면 육해공군의 통수권자.

*〈정사〉故동탁 부하들이 나라 재정 거덜내다. 황제 유협, 백성들처럼 밥조차 제때 먹지 못하며 굶주리다. 반면, 조조네 집안은 어마어마한 부자.

*〈연의〉 조조, 황실 권력 틀어쥐다. 황제, 모든 나랏일을 먼저 조조에게 고한 뒤 자신에게 이르도록 하다.

흥!

뭐라고?! 조조가…
대장군요?

예! 그뿐이오?
순욱이 시중 및 상서령,
정욱이 동평상, 순유가 군사…

하후돈, 하후연, 조홍, 조인도
장군 벼슬 하나씩 꿰찼더이다!
조조놈 따르는 자들 죄다!

거 가성비 한번 좋군!
황제 옷 입은
꼬마 하나 주워다

…하루아침에 종묘사직을
거머쥐다니?

물론 황제 유협은
동탁이 세운 허수아비지만

…썩어도 준치라고
어쨌든 이 나라 천자요!

조조가 벌써 언플 시작했더군!
빌어먹을 놈, 양심도 없지…

[속보] 대장군 조조, 나라를 구해
[포토] 황제폐하, 무릎 꿇고 조조 손잡아
네티즌★톡톡 "조조 어르신 진짜 체고의 영웅
나라를 뒤집어노으셧다 훠!"

가만있음
놈 뜻대로 될 겁니다.

판 바뀌겠지! 조조가
'황제 구한 영웅' 되는 거야!

시신들로 강물을 막은…
괴물 주제에 말이오!

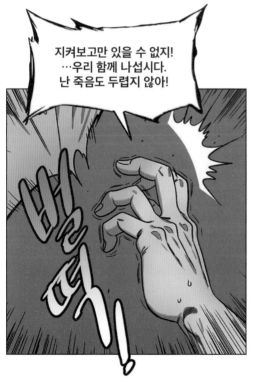

지켜보고만 있을 수 없지!
…우리 함께 나섭시다.
난 죽음도 두렵지 않아!

진궁 선생님.
제가…

여포 장군께
이 서주 땅을 넘겨드리면
되겠습니까?

*〈연의〉 유비. 망설임 없이 여포와 진궁에게 서주를 양보하다.

뭐, 뭐요?!

모르셨나봅니다.

저는… 조조가 싫어 맞서 싸운 게 아닙니다.

그저 살고자 이빨을 드러냈을 뿐이지요!

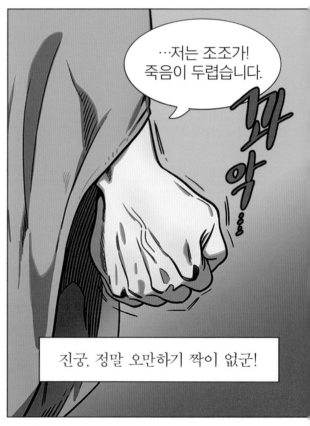

…저는 조조가! 죽음이 두렵습니다.

진궁, 정말 오만하기 짝이 없군!

*〈정사〉 조조, 서주 백성들 학살하다. 유비, 소수의 병력과 피난민들 이끌고 조조에 맞서다.

진작 알았지. 당신이 날 얕보는 걸!
벼락출세한 시골 뜨내기라고.

그래서 내게 온 거 아닌가?
다루기 쉬울 것 같아서!

…그러나 내가 만만하다고,
내가 다스리는 서주마저 만만하던가?

감히 조조의 분노를 사겠다고
내 백성들 목숨으로 도박을 하라니!

저 같은 겁쟁이가
어찌 백성들을
보살피겠습니까?

마땅히 여길 다스릴
사람이 없어
잠시 맡았을 뿐이니…

…저는 닥치고 떠나겠습니다.
선생님 큰 뜻 이루시도록!

*〈연의〉 유비 "도겸(前서주 지배자) 어르신께서 세상을 떠나시고 마땅히 다스릴 사람이 없어 제가 잠시 맡았습니다. 이제 여포 장군께서 오셨으니
서주 땅을 맡아 다스려주십시오."

*〈연의〉여포, 신나서 서주 땅 받으려 손 내밀다.

二十六. 원술이 던진 미끼

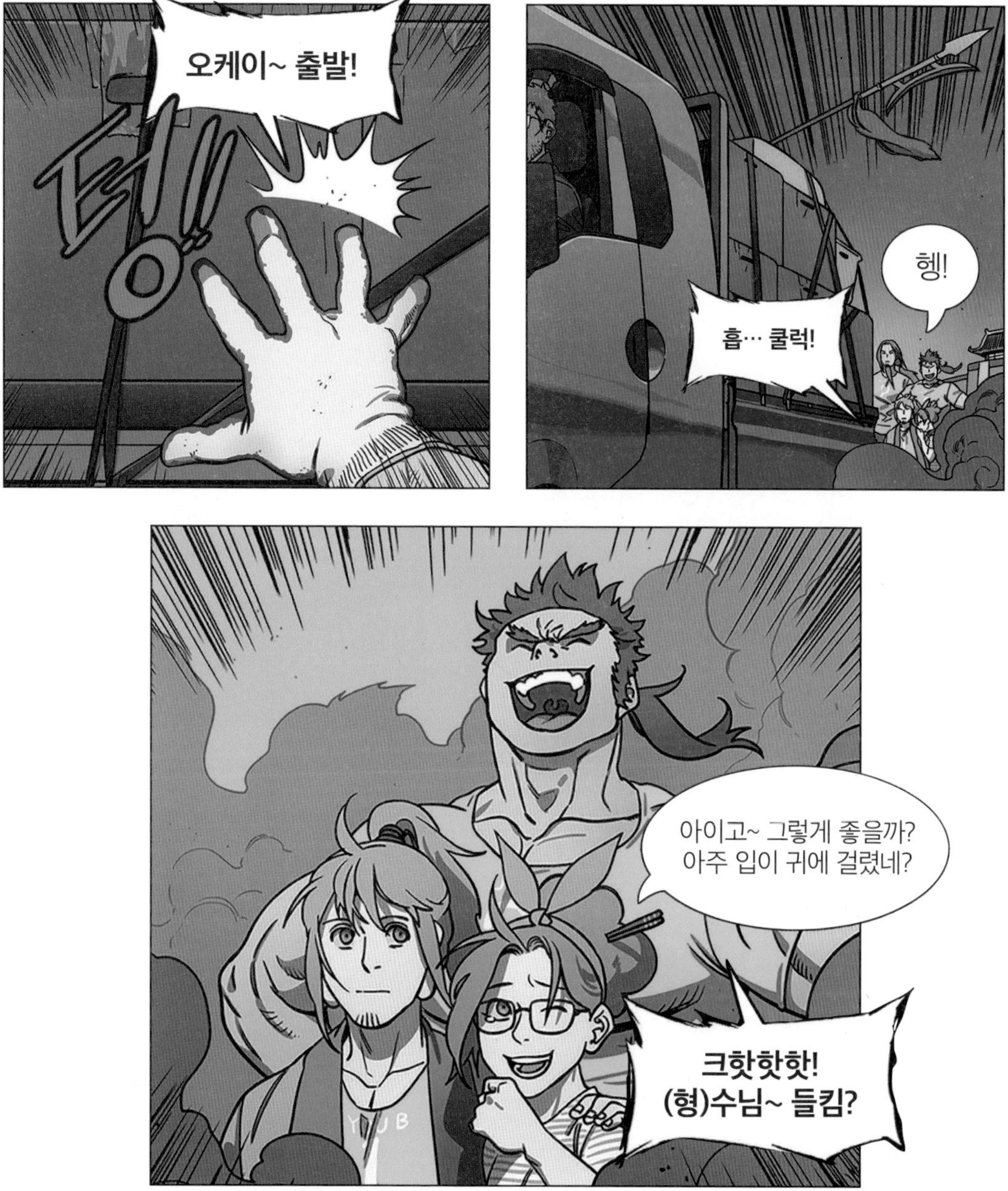

*〈연의〉 유비, 여포에게 서주 옆 예주에 있는 '패(소패)'라는 작은 고을 빌려주어 머물도록 하다.
**〈연의〉 유비 아우 관우와 장비, 거만한 여포를 눈엣가시로 여기다.

아옥~! 빌어먹을! 개쫍아!!!

망할 유비놈…

감히 날 좁아터진 데로 쫓아내?

…휴, 한시름 났군!

여포를 내 곁에 둘 순 없다. 조조의 분노를 살 테고… 무엇보다 너무 위험한 자야!

야비한데다 욕심도 많아서…

*여포, 양아버지인 '정원'과 '동탁'을 죽이다.

…하지만 여포를
소패로 보낸 게 잘한 일일까?

내 눈 피해 음모라도 꾸민다면…

…우억?!

뭔데~? 님들 왜 죽상임?
웃어 빨리! 나처럼!

ㅇㅋ 다들 각오하쇼~ㅋㅋ
오늘 이 장비 날 잡았스~!

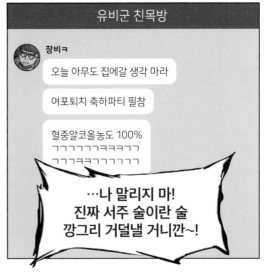

유비군 친목방

장비ㅋ

오늘 아무도 집에갈 생각 마라

여포퇴치 축하파티 필참

혈중알코올농도 100%
ㅋㅋㅋㅋㅋㅋㅋㅋㅋㅋ
ㅋㅋㅋㅋㅋㅋㅋㅋㅋ

…나 말리지 마!
진짜 서주 술이란 술
깡그리 거덜낼 거니깐~!

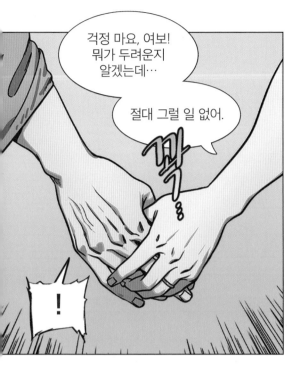

원숭이 던진 미끼

안 된다면

안 돼~

아 왜애~~~?!
유턴하라고오~~!

멍충아! 왜 내숭 떠냐?
준다면 걍 받어~!

…유비 저놈이
서주 땅 준다잖어~!

?!

드헉?!

*〈연의〉 유비, 여포와 진궁에게 서주 땅 내밀다. 눈치 빠른 진궁, 유비에게 "의탁하러 온 처지에 어찌 딴 맘을 품겠습니까?
(유비)공께서는 괜한 의심을 거두시지요"하며 떠나는 시늉하다.

*〈정사〉 하북 강자 원소, 거만한 여포를 참지 못하다. 잠든 사이에 군사 보내 암살하려 하다.

*〈정사〉진궁, 조조를 배신하다. 진궁, 조조 친구 장막을 끌어들여 조조에게 맞섰으나 장막, 처참히 살해당하다.

…깝깝한 맘은 알겠는데,
우리 이기는 싸움만 합시다.
제발!

당신…
유비 못 이겨.

하늘에서 뚝 하고
군사가 떨어지면
모를까…

…?

어엉?!!

(알수없음)

여포 맞으신가?

집없는 여포 어르신ㅎ?

(알수없음)

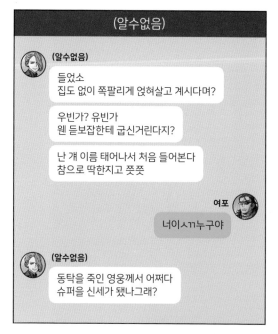

(알수없음)
들었소
집도 없이 쪽팔리게 얹혀살고 계시다며?

우빈가? 유빈가
웬 듣보잡한테 굽신거린다지?

난 걔 이름 태어나서 처음 들어본다
참으로 딱한지고 쯧쯧

여포
너이ㅅㄲ누구야

(알수없음)
동탁을 죽인 영웅께서 어쩌다
슈퍼을 신세가 됐나그래?

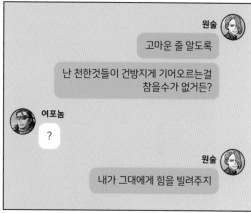

원술
고마운 줄 알도록

난 천한것들이 건방지게 기어오르는걸
참을수가 없거든?

여포놈
?

원술
내가 그대에게 힘을 빌려주지

(알수없음)

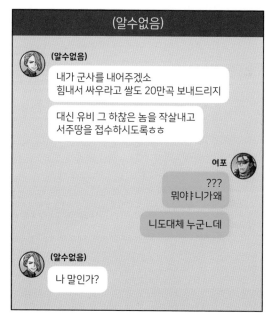

(알수없음)
내가 군사를 내어주겠소
힘내서 싸우라고 쌀도 20만곡 보내드리지

대신 유비 그 하찮은 놈을 작살내고
서주땅을 접수하시도록ㅎㅎ

여포
???
뭐야 니가왜

니도대체 누군ㄴ데

(알수없음)
나 말인가?

*〈정사〉 여포. 편지 받다. "내가 태어나서 세상에 유비란 자가 있는 말조차 들어보지 못했는데, 영웅인 여포 그대가 왜 고개를 조아린단 말이오?"

원슬이 던진 미끼

장비의 실수

술은 사람이
진심을 털어놓게 만든다.

감추는 게 백배 천배 나은
깊은 속내마저도…

끄어억!

야아 임봐~!
니~가 쌰람이야아~?!

나아느은~! 니 첨부터
맘에 안 들엇서~!!!

억… 히익!
사… 살려줍쇼!

서주, 유비 근거지

맙소사! 이게…
웬 야단이냐?

윽, 술냄새! 막내야…
또 실컷 퍼마셨구나!

적당히
달리라니깐…
음?!

제가 다
잘모태씀돠…
커헉!

유비 부하
하비상 조표

꺄하하학~!

저자는! 내 아랫사람이나…

날 눈엣가시로 여기는…
장수 조표!

*〈정사〉前서주 지배자 도겸, 서주를 구하러 온 유비에게 정예군(단양병) 빌려주다. 정예군 대장인 조표, 도겸이 죽자 유비를 주인으로 모시게 되다.

*〈정사〉유비 소꿉친구 간옹. 유비 따라다니며 일 돕다. 넉살이 좋아 엄숙한 자리에서도 드러누워 술 마시다.

간웅

야 내 절친 유비!! 간만이다~!
신문에서 봤다 너 출세했더라??

난 니 잘될줄 알았스~ㅋㅋ 😊

그래서말인데 친구 좋은게 뭐냐
나 취직좀 시켜주라~~ㅋㅋㅋ

참 나 토익은 900인데 싸움 꽝이다
칼은 식칼밖에 못써ㅋㅋㅋㅋㅋ

고향친구 유비

야...미안하다ㅜㅜ
나도 이제 막 서주에 자리잡는 중이라...

지금은 급한 전투요원들만 뽑고 있다
너 부르기가 힘드네 이해해주라

간웅

그냐? 어쩔수 없지~ㄱㅊㄱㅊ

간웅

연락이라도 자주자주하자 친구야~ 😊
반가웟다 그립다 옛날이여~~~ㅜㅜ

방문자수 2 / 1402   유비님의 미니홈피

영.웅.은.공부파원.
안.한.다.네.___

A 세.상.아___@ㅔ.가.경.고.한.다
@ㅏ.유비~선택.받은@r~
천자(千子)가 돼어 저 sky에 ___닺.고.말.겟.어___

유비님   간웅야웅 우와 멋잇다 짱 d-.-b

고향친구 유비

으으ㅇ아아ㅏㅏㅇ아아악도른자야
내흑역사가 외ㅐ니앨범에

지워라ㄱ그럼내일당장츌ㄹ근가능

장비의 실수

주인인
유비 어르신을…
대놓고 씹어?!

헐…

머야
쇼오름…?

……

유비 별로인 유비군방(1000명)

 익명199
ㅁㅈ여포같은 탈인간이면 모를까왜??

말나온김에 야ㄷㄷㄷ
니들 여포 등판봤냐?????

와 도랏더만 그게몇헥타르냐ㄷㄷㄷㄷ

 익명1000
ㅁㅊ나 방천화극 실제로 처음봄ㄷㄷㄷㄷ
적토마도 개간지더만ㄷㄷㄷ

나사실 몰래 여포 싸인받앗다ㅋ

익명999
나독ㅋㅋㅋㅋㅋ캬그게 영웅이지ㅋ

 익명199
ㅁㅈ아 여포 부하하고싶다,,ㅠㅋ
유비같은거 말고ㅋㅋㅋㅋㅋㅋㅋㅋㅋ

유비 별로인 유비군방(1000명)

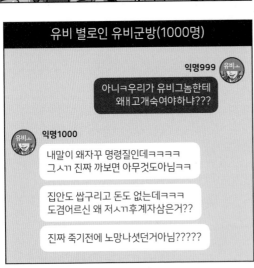

익명999
아니ㅋ우리가 유비그놈한테
왜ㅐ고개숙여야하냐???

익명1000
내말이 왜자꾸 명령질인데ㅋㅋㅋㅋ
그ㅅㄲ 진짜 까보면 아무것도아님ㅋㅋ

집안도 쌉구리고 돈도 없는데ㅋㅋㅋ
도겸어르신 왜 저ㅅㄲ후계자삼은거??

진짜 죽기전에 노망나셨던거아님?????

*〈정사〉 장비와 조표, 서로 증오하다.
**〈삼국지톡〉 서주 내에서 유비파 vs 조표파로 나뉘어 기싸움 벌였을 것.

*〈정사〉 유비, 조조가 일으킨 서주대학살 때 피난민 수천 명을 보호하고 먹이다.

나도 안다! 이 서주 안에…
날 껄끄럽게 여기는 이들이 있음을!

그러나 그들 또한 서주 백성이다.
미움을 샀다간 낭패를 겪을 터!

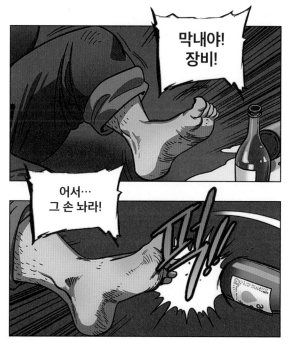

막내야!
장비!

어서…
그 손 놔라!

어서!!!

*〈정사〉 장비, 평소 사이가 나빴던 조표를 죽이다.

장비의 실수

변경 순찰하던
우리 척후병들이…
습격당했다 합니다!!!

뭐라고?

…산 넘어 산이군!

대체 누가?
황건적? 흑산적? 조조…?

원술 어르신!
어서 갑옷 입으시지요!

…유비놈이
관우와 함께
벼락같이 달려오고
있답니다!

유비군 척후병

*〈정사〉 원술과 여포, 유비가 다스리는 서주 땅을 차지하기 위해 손잡다.

장비의 실수

제8권, 「관도대전」 1부로 이어집니다

삼국지톡 7

ⓒ YLAB, 무적핑크, 이리

| 초판인쇄 | 2024년 4월 4일 |
| 초판발행 | 2024년 4월 11일 |

글	무적핑크
그림	이리
기획·제작	YLAB

책임편집	이보은
편집	김지애 김지아 김해인 조시은
디자인	이현정 이혜정
마케팅	정민호 서지화 한민아 이민경 안남영 왕지경 정경주 김수인 김혜원 김하연 김예진
브랜딩	함유지 함근아 고보미 박민재 김희숙 박다솔 조다현 정승민 배진성
제작	강신은 김동욱 이순호

펴낸곳	㈜문학동네
펴낸이	김소영
출판등록	1993년 10월 22일 제2003-000045호
주소	10881 경기도 파주시 회동길 210
전자우편	comics@munhak.com
대표전화	031-955-8888	팩스 031-955-8855
문의전화	031-955-3576(마케팅) 031-955-2677(편집)

인스타그램	@mundongcomics
카페	cafe.naver.com/mundongcomics
트위터	@mundongcomics
페이스북	facebook.com/mundongcomics
북클럽문학동네	bookclubmunhak.com

| ISBN | 978-89-546-9797-2 04910 |
| | 978-89-546-7111-8 (세트) |

www.munhak.com